Günther Bittner

# „Dir unbewußt arbeite ich in Dir“

BIBLIOTHECA ACADEMICA

Reihe

Literaturwissenschaft

Band 4

---

ERGON VERLAG

Günther Bittner

# „Dir unbewußt arbeite ich in Dir“

## Die Psychoanalyse Hermann Hesses bei Josef Bernhard Lang

ERGON VERLAG

Bibliografische Information der Deutschen Nationalbibliothek
Die Deutsche Nationalbibliothek verzeichnet diese Publikation in der Deutschen Nationalbibliografie; detaillierte bibliografische Daten sind im Internet über http://dnb.d-nb.de abrufbar.


Gedruckt auf alterungsbeständigem Papier.
Satz: Matthias Wies, Ergon-Verlag GmbH
Umschlaggestaltung: Jan von Hugo

www.ergon-verlag.de

ISSN 2198-2392
ISBN 978-3-95650-089-3

## *Inhaltsverzeichnis*


Einleitung 7

1. Versuch einer Rekonstruktion 9
   - Die Anfangszeit: von Hesses „Flötentraum“ bis zum Ausflug auf das Stanserhorn 9
   - Hesses Traumtagebuch und der Briefwechsel mit Lang – Versuch einer Synopse 11
   - Ist Lang der Organist Pistorius in Hesses „Demian“? 14
   - Langs „Phantasieen“ 16
   - Der Monte Verità, Johannes Nohl und die Folgen 18
   - Destabilisierung allerseits 21
   - Auch Langs Ehe gerät ins Schwanken 24
   - Jung im Hintergrund 25
   - Der „Steppenwolf“ und Hesses zweite analytische Phase mit Lang 28
   - Der Abtreibungsprozess: Lang wird vor Gericht gestellt (1933-1940) 32
   - Abraxas revisited: Langs revolutionäre Theologie 33
   - Langs Lebensende 35
   - Zwei „Nachrufe“ Hesses auf seinen Analytiker Lang 36

2. Diskussion 39
   - Die analytische Situation – asymmetrisch oder symmetrisch? 40
   - Der Neid des Analytikers auf seinen Patienten 43
   - Privatmythen 44
   - Das vielgestaltige „Enthaltensein des einen im anderen“ und dessen technizistische Verengung zur „projektiven Identifikation“ 48
   - Zu guter Letzt 50

Literatur 51

# Einleitung

Hermann Hesse und die Psychoanalyse (bzw. die analytische Psychologie C.G. Jungs) ist ein vielbehandeltes Thema, bei Psychoanalytikern (z.B. Cremerius 1983, 1988, 1999) – und mehr noch bei Literaturwissenschaftlern (z.B. Baumann 1989, 1999, 2001, E. Maier 1952, 1999; Bibliographien Below 2007, Limberg 2011). Schon Ellenberger (1973) weist Hesses „Demian“ (1919) eine Schlüsselrolle für das Bekanntwerden Jung'scher Psychologie in der breiteren Öffentlichkeit zu. Er berichtet unter Berufung auf eine persönliche Mitteilung von Hesses dritter Ehefrau Ninon, Hesse habe 1916 und 1917 „bei Dr. Josef Lang in Luzern eine Jungsche Analyse gemacht“. Später, im Jahr 1920 habe er „therapeutische Gespräche mit Jung selbst“ gehabt (Ellenberger 1973, S. 1119).

Dieser etwas ungenauen persönlichen Mitteilungen hätte es nicht bedurft: schon zu Hesses 50. Geburtstag 1927 war aus der Feder des vertrauten Dichterfreunds Hugo Ball eine erste Hesse-Biographie mit verlässlicheren Angaben erschienen. 1916 habe der Hausarzt Hesse zu einem Aufenthalt im Kurhaus Sonnmatt in Luzern geraten. Dort habe man ihm „einen jungen Luzerner Arzt und Analytiker, den damals etwa fünfunddreißigjährigen Jung-Schüler J.B. Lang“ empfohlen , der rasch zu Hesses vertrautem Freund wurde (Ball 1927, S. 118 f.). „Die Kladde des Arztes“ (die Ball noch einsehen konnte, inzwischen ist sie nach Angaben von Langs Tochter Marli nach dessen Tod vernichtet worden, F, S. 8; siehe Fußn. 1) „verzeichnet im Mai 1916 zwölf analytische Sitzungen. ... Anfang Juni bereits verläßt der Dichter das Sanatorium, ... wiederholt aber in der Folge öfters seine Besuche, die jeweils etwa drei Stunden währen. Im ganzen verzeichnet das Merkbuch noch etwa sechzig Sitzungen, die sich vom Juni 1916 bis November 1917 erstrecken“. Hesses Roman „Demian“ soll eine Frucht dieser Gespräche gewesen sein, ebenso sein Durchbruch zur Malerei, zu der der Luzerner Arzt selbst eine starke Neigung gehabt habe (Ball 1927, S. 122 f.).

Auch Balls Darstellung von Hesses Psychoanalyse-Erfahrung ist lückenhaft: keine Erwähnung findet sein Ausbrechen aus der Analyse mit Lang und seine zwischenzeitliche Hinwendung zu dem „wilden“ Analytiker Johannes Nohl; keine Erwähnung finden auch die wenigen Analysestunden, die er 1921 mit Jung selbst hatte. Da Ball bereits 1927 verstarb, konnte er auch nicht mehr miterleben, dass sich die analytische Beziehung zu Lang 1927 noch einmal vertiefte und sich freundschaftlich bis zu Langs Tod 1945 fortsetzte.

Die Analysenaufzeichnungen Langs, wie gesagt, sind verloren. Überraschend aufgefunden hingegen wurde der über Jahrzehnte fortgeführte, intensive Briefwechsel von Hesse mit Lang (Hesse 2006[1]), der die hauptsächliche Materialbasis der gegenwärtigen Darstellung bildet.

Die analytische Beziehung der beiden ist bisher allenfalls im Blick auf Hesse, den Patienten, ausgewertet worden. Die zünftige Psychoanalyse, die Freud'sche ebenso wie die Jung'sche, zeigte wenig Interesse und Neigung, sich mit Josef Bernhard Langs unorthodoxer Analytikerpersönlichkeit auseinanderzusetzen. So mag es denn sein, dass sich ein gleichfalls unorthodoxer und institutionell randständiger Psychoanalytiker wie ich finden musste, um diesem frühen Opfer analytischer Vereinspolitik ein bescheidenes Denkmal zu setzen.

1 Der Briefwechsel der beiden Protagonisten wird im Folgenden mit BH bzw. BL, die Kommentierungen des Herausgebers Thomas Feitknecht werden mit F, Hesses Werke mit Jahreszahl nach den Sämtlichen Werken (SW) zitiert. In die Briefausgabe aufgenommene Texte Dritter erscheinen unter Hesse 2006.

# 1. Versuch einer Rekonstruktion

Ich lese in den Briefwechsel hinein in der Absicht, den analytischen Prozess zu rekonstruieren. Die verloren gegangenen Aufzeichnungen wären dazu natürlich unentbehrlich; die Rekonstruktion kann nur eine bruchstückhafte und zum Teil spekulative sein. Jedenfalls soll das Interesse nicht in erster Linie dem Seelenleben Hermann Hesses gelten, über das schon viel geschrieben worden ist, sondern vor allem dem des Analytikers Josef Bernhard Lang, der in den meist literaturwissenschaftlichen Würdigungen eher summarisch abgehandelt wird.

Und, besonders wichtig hervorzuheben: mein Interesse bei diesem Rekonstruktionsversuch ist nicht primär ein psychoanalyse-*geschichtliches*, sondern ein *psychoanalytisches*: ich suche die unbewusste Dynamik dieser exzeptionellen Analyse zu erfassen und für mein eigenes Selbstverständnis als Analytiker fruchtbar zu machen.

## *Die Anfangszeit: von Hesses „Flötentraum" bis zum Ausflug auf das Stanserhorn*

Aus dem ersten Jahr der Analyse sind nur Briefe Hesses erhalten, oft nur Terminverabredungen und kurze Mitteilungen. Hesse gibt Lang einzelne seiner Werke zu lesen, z.B. den Roman „Peter Camenzind" und das Märchen „Flötentraum" (SW 1913), von dem er an Lang schreibt, es sei ohne Erinnerung an wirklich geträumte Träume entstanden; es antizipiere aber „alles Wesentliche unserer bisherigen Funde": „das Schiff, den Führer, die Angst vor noch unbekannten Pflichten" (BH, S. 27) – schwer zu sagen, ob sich dieses „Wesentliche" auf diese drei von ihm ausdrücklich genannten Einzelmotive begrenzt. Jedenfalls ist es die Geschichte eines jungen Dichters und Musikanten, der vom Vater eine Flöte und den Auftrag mit auf seine Reise in die Welt hinaus bekam, „immer hübsche und liebenswürdige Lieder" vorzutragen, „sonst wäre es schade um die Gabe, die Gott dir verliehen hat".

Freilich, wie sich später erweist: „Mein lieber Vater verstand wenig von der Musik" (SW 1913, S. 49). Der Held kommt an einen Fluss, dort liegt ein Schiff, darin sitzt ein Mann, der nur auf ihn zu warten scheint. Am Gesang dieses Mannes während der gemeinsamen Fahrt den Fluss hinunter lernt er, dass das Singen vom Leben und vom Tod nicht nur „hübsch und liebenswürdig" sein kann, sondern auch einschließt, was „leidvoll", „finster und bang" ist (S. 53). Diesen Text hatte Hesse schon vor Beginn der Analyse geschrieben; was er darin antizipiert, ist wohl vor allem das Wunsch- und Sehnsuchtsbild von dem, was er in seiner Analyse finden wollte: einen „Führer", der sich dann in ihn selbst auflöst: der geheimnisvolle Mann in der Novelle verschwindet nämlich; der Ich-Erzähler glaubt ihn noch in der Spiegelung des Wassers zu sehen, erkennt aber dann das, was ihm aus dem Wasser entgegenblickt, als sein eigenes Spiegelbild. Das Motiv vom „Führer“, der am Ende verschwindet, klingt übrigens ähnlich in der etwas später entstandenen kurzen Erzählung „Der schwere Weg“ (SW 1916) an.

Nach seiner Entlassung aus dem Sanatorium muss Hesse seine Tätigkeit in Bern wieder aufnahmen. Er vereinbart mit Lang, „den therapeutischen Dialog schriftlich und ambulant fortzusetzen, so daß er bis November 1917 allwöchentlich, später nur noch sporadisch“ nach Luzern reist (F, S. 28). Der briefliche Austausch ist demnach wie damals nicht unüblich (vgl. den Briefwechsel zwischen Jung und Loy, Jung 1914) als konstitutiver Bestandteil der Analyse fest eingeplant.

Hesse fährt fort, Lang Leseempfehlungen aus seinen Schriften zu geben. Er liest seinerseits ein psychoanalytisches Buch, bestätigt die dort ausgeführten Auffassungen von der Bedeutung der Kindheit, auch der frühkindlichen Sexualität, durch authentische, jetzt nicht mehr dichterisch verkleidete Erinnerungen: er sei Bettnässer gewesen und habe beim Spielen an den Genitalien Lustempfindungen verspürt. Er beginnt zu malen und liest einen Vortrag, den Lang in C.G. Jungs Züricher Psychologischem Club gehalten hat (BH, S. 30, 34).

Für die Frühzeit dieser Analyse von Hesses Sonnmatt-Aufenthalt bis Ende 1917 sind wir, da die Originalaufzeichnungen Langs nicht mehr existieren, im Wesentlichen auf die Mitteilungen Balls in seiner Hesse-Biographie angewiesen, dem diese Aufzeichnungen ja noch vorlagen. Ein merkwürdiges Stück Originalton Lang wird von Ball (1927, S. 123 f.) wörtlich zitiert; es ist zu vermuten, dass die Sätze aus den Aufzeichnungen stammen und Dialoge mit Hesse (reale oder fiktive, nur innerlich geführte?) wiedergeben.

Unter dem 25.X.17 heißt es: „Wo bist Du heut?“ (Eine Frage, die unausgesprochen wohl am Anfang jeder Analysestunde steht): „Dir unbewußt arbeite ich in Dir, durchbrechend die harte Kruste, die auf meinem Verliese lastet“. (Diese Sätze hat auch Ball ausdrücklich auf die Arbeit Langs mit Hesse bezogen, S. 124; er hat aber nicht das eigentlich Aufregende daran erfasst, die Phantasie Langs von der Verschmelzung seines Ichs mit dem Hesses: Ich durchbreche Deine Kruste, die auf mir, der ich in Dir eingeschlossen bin, lastet – ich muss Dich befreien, damit ich mich, der ich in Dir gefangen bin, befreie).

Schön und aussagekräftig ist auch die Fortsetzung dieser Passage:

> „Gehe ruhig zur Ruhe, ich bin Dir immer nahe, sende aber oft des Tages und während der Nacht die Strahlen Deiner Gedanken in den finsteren Schacht Deiner Seele, wo ich mich Dir zu nahen suche, um Berührung zu gewinnen“ (S. 123) (das ist eine Sprache für das, was im analytischen Prozess vor sich geht, die heute weithin abhanden gekommen zu sein scheint).

Diese Phantasie wird in den nächsten Aufzeichnungen weiter gesponnen. „Ich hämmere in meinem Schachte, der mich einschließt und mir noch kein Licht gibt, das ich nicht selbst ausstrahle“, (das will ausdrücken: ich mache deine Analyse bisher nur in mir, in meinen Gedanken; du hörst mich nur von Ferne hämmern).

Dann wird wieder ein Moment der Verschmelzung erreicht: „Dein Herzschlag ist das Hämmern meiner Arme, die nach Befreiung lechzen" (wieder dieses Motiv: indem ich dich befreie, befreie ich mich). Einen zaghaften Schritt in dieser Richtung habe ich auch einmal versucht, als ich schrieb: eine Deutung kann nur gut für den Patienten sein, wenn sie auch gut für mich, wenn sie meiner Neurose abgerungen (Bittner 1992a, S. 106) ist. Tempi passati, so was versteht man heute nicht mehr.

Jedenfalls heißt es in der anschließenden letzten der von Ball mitgeteilten Aufzeichnungen Langs: „Ich hämmere in Deinem Schachte, einmal wirst Du verstehen und lesen die Runen, die ich im Gestein Deiner Seele herausgeschlagen habe" (Ball 1927, S. 124). (Damit ist die Verschmelzung wieder aufgelöst: ich bin wieder ich und du bis du).

Ball teilt diese Sätze als Beleg für Langs literarische Ader mit, erkennt aber doch wenigstens partiell deren analytische Kraft und Bedeutung; „So spricht ein großer Verführer zum Leben" (ebd.) – womit freilich das Spezifische dieser „Verführung" noch nicht erfasst ist: dieses liegt in der zeitweiligen Verschmelzung des eigenen Ichs mit dem des Analysanden, in einer Art von seelischer Mund-zu-Mund-Beatmung, wenn man so will, in einer „projektiven Identifikation" mit dem Analysanden.

Schon am 7. Juli 1917, eineinviertel Jahre nach Beginn der Analyse, hatten Lang und Hesse miteinander einen Ausflug auf das Stanserhorn gemacht. Dieser Ausflug, von dem aus dem mir vorliegenden Material nicht klar wird, auf wessen Initiative er zustande kam, war in seiner Auswirkung auf den analytischen Prozess ambivalent; ein schöner Distelfalter, den Hesse seinem Analytiker zeigen wollte, weckte Erinnerungen an Knabenspiele und sollte diesen noch näher fühlen lassen, „was ich als Knabe der Natur gegenüber empfand"; Lang vermerkt in seinem Tagebuch, es sei die homosexuelle Übertragung erörtert worden (Zitate nach F, S. 40; vgl. auch SW 1917/18a, S. 508 ff.) – aber die nächste reguläre Stunde sagt Hesse ab, da angeblich seine Träume seit dem Ausflug ausgeblieben sind – und er bemerkt etwas skeptisch: „Ich hoffe, Sie … bereuen den Ausflug nicht" (BH, S. 40). Es war wohl doch etwas zu viel an Nähe entstanden; die Distanz musste wiederhergestellt werden.

Immerhin beschloss Hesse auf der Rückreise von besagtem Ausflug, ein „intimes Notizbuch anzufangen" (BH, S. 41), woraus sich dann sein „Traumtagebuch der Psychoanalyse" (SW 1917/18a) entwickelte.

## *Hesses Traumtagebuch und der Briefwechsel mit Lang – Versuch einer Synopse*

Vom 12. Dezember 1917 datiert der erste erhaltene Brief von Lang. Er enthält im Wesentlichen ausführliche Deutungen dreier Träume von Hesse. Diese Träume und ihre Analyse durch Lang in diesem Brief sind einer ausführlicheren Betrachtung wert; an dieser Stelle lässt der Briefwechsel besonders direkt die Stimme Langs vernehmen, die sonst an vielen Stellen mehr indirekt aus dem Material Hesses erschlossen werden muss.

Der erste dieser Träume (SW 1917/18a, S. 519 f.):

> „Ich kam in ein Zimmer in unserem alten Vaterhaus in Calw. Die Stube war offenbar viele Jahre gar nicht mehr benutzt gewesen, ich sah auf dem Tische zwischen den Ritzen der Bretter hohe Grasbüschel wachsen, mit deren Ausreißen ich mich beschäftigte. Jemand (ich glaube meine Mutter) kam dann dazu. Es standen eine Anzahl Gläser und Vasen da, darunter namentlich eines, das uralt schien und dunkelbunt in tiefen seltenen Farben glänzte, es war nicht recht sicher, ob es wirklich eine echte alte Kostbarkeit sei oder nur ein Scherben, den man weggeworfen und der zufällig durch Alter und Zersetzung solche Farben angenommen. Inmitten dieser alten, sehr romantischen und poetischen Umgebung erzählte mir der Jemand, der da war (ich glaube, es war meine Mutter) von einer ebenfalls romantischen und poetischen Person, nämlich von einer Dame, einer Verwandten oder Freundin, die im Hause wohnen sollte und die mit Geistern umging oder somnambul war oder dergleichen. Wir empfanden diese Person halb als ehrwürdig halb als etwas komisch und diskutierten darüber, ob sie geisteskrank sei oder nicht".

Unter den Einfällen dazu notiert er an erster Stelle, dass er am Vorabend Jungs Dissertation über seine spiritistischen Versuche mit der Cousine Helly Preiswerk (Jung 1902) gelesen habe. Ferner fallen ihm Justinus Kerner und die Seherin von Prevorst ein, weiterhin der alte Gotthilf Heinrich Schubert, Blumhardt und die Gottliebin Dittus sowie eine „Tante Peregrina" aus seiner eigenen entfernteren Verwandtschaft (nebst Assoziation zu den Peregrina-Gedichten Mörikes).

Lang schreibt zu diesem Traum:

> „Der Eingang der Scene erinnerte mich sofort an das Zimmer Wagners, in das Mephisto den Faust nach der Beschwörung Helenas betäubt zurückbringt, und wo unterdessen Wagner an der Erschaffung des Homunkulus gearbeitet hat. … Nach dem wäre jetzt ein Stück Wagner anzunehmen, also eine Technik mit seinem Ubw. … in Verkehr zu treten. Ob das auf das Malen hinweist?" (BL, S. 54).

Das ist insofern ein kühner Einstieg, als Langs Einfall nur wenig Stütze im Traumtext und überhaupt keine in Hesses Assoziationen findet. Ein Laboratorium, in dem das Gras wächst, ist schwer vorstellbar. Der einzige Anknüpfungspunkt für Langs Assoziationsreihe Laboratorium – Faust – Wagner sind die Gläser, insbesondere dieses eine, rätselhafte, von dem man nicht weiß, ob es ein absichtsvoll hergestelltes oder durch natürliche Einwirkungen geformtes ist (siehe Jung: der Traum ist ein Naturprodukt). Trotzdem hat Langs Assoziationsreihe etwas für sich: Der Träumer soll sich klar machen, dass er *nicht* Faust ist (der er vermutlich lieber wäre), sondern Wagner: er sucht mit seinem Malen eine Technik in die Hand zu bekommen, mit der er sich des Unbewussten bemächtigen kann. Dies wäre eine eventuell berechtigte Kritik an einem technik-fixierten Bewusstseinsstandpunkt, den er beim Träumer unterstellt. Mit dieser Einstellung bleibt er „Wagner", der „am schalen Zeuge klebt" und froh sein muss, wenn er „Regenwürmer findet" (Goethe 1808, S. 26).

Dann zieht Lang einen früheren Traum Hesses heran, den er nach einem zwischenzeitlich gehabten eigenen Traum jetzt besser zu verstehen glaubt. Die

Quintessenz daraus: das Unbewusste ist nicht mit einer Technik einzufangen, es ist eine schöpferische Bewegung. (Den Traum, auf den er sich hier bezieht, habe ich im Material nicht sicher identifizieren können, es könnte der Traum vom 5. August [SW 1917/18a, S. 455 f.]) sein. Für dieses fruchtbare Bewegtsein aus dem Unbewussten stehen nach Langs Deutung im gegenwärtigen Traum die Figuren der Seherin von Prevorst, der Gottliebin und der Tante Peregrina.

Der nächste Traum, wenige Tage später geträumt, ist ziemlich lang und wird von Lang teils nur flüchtig kommentiert:

> „Ich hatte mich entschlossen, auf einen bestimmten Tag wieder als Gehilfe in die Buchhandlung in Tübingen[1] einzutreten, und war ein oder zwei Tage vorher in Tübingen angekommen. Dort hatte ich mein altes Zimmer wieder gemietet, in dem ich vor 20 Jahren wohnte, bei einer alten Witwe. Der Traum beschäftigt sich hauptsächlich mit dieser Wohnung. Sie war in mancher Hinsicht gegen früher verändert. Z.B. war über meinem Raum noch einer da, durch eine Treppe erreichbar, und es war nicht ganz klar, ob beide Räume zu meiner Verfügung stehen oder nur einer. Das untere Zimmer sah ganz anders aus als früher, ein Teil der Wände war durchbrochen, die Küche war mit in den Raum einbezogen. Einerseits gefiel mir dies, die rohen Wände, das Dabeisein der Küche etc. gab der Bude ein naives primitives, zigeunerhaftes Aussehen, das mir besser gefiel als die ehemalige schmale Mietbude. Andrerseits mußte ich fürchten, durch die Küche, die nun zu meinem Raum gehörte, sehr gestört zu werden. ... vor dem Zimmer (Erdgeschoß) war eine Art Laube, ein bedeckter Vorraum wie die Lauben in Bern, und es standen vor den 2 Fenstern meiner Bude 2 kleine Tischchen. Die Leute liefen vorbei, saßen an den Tischchen u.s.w., es war ganz wie in Bern in einer alten Gasse. Einmal setzte auch ich mich hinaus an eins meiner Tischchen: da kam ein Trambahnführer in Uniform, legte ein in Papier gewickeltes Brot auf das Tischchen und forderte mich auf, ihm Platz zu machen. Ich war darüber entrüstet, denn ich meinte, das Tischchen gehöre mir und zu meiner Wohnung, es zeigte sich aber, daß es dem Trambahnmann selber gehörte und ich kein Recht darauf hatte. Ich ging ins Haus und war entschlossen, mein Zimmer gleich wieder zu kündigen, tat es aber zunächst doch nicht“ (SW 1917/18a. S. 522 f.).

Dann enthüllt sich noch ein weiteres Stück Traumtopologie: auch eine Schule ist da, in der der Träumer am Tag davor „irgendetwas getan“ hat, nun will er seine dort verbliebenen Sachen holen, vor allem einen „großen grauen Koffer“, wird aber vom Hausmeister, einem „häßlichen ruppigen Kerl“, daran gehindert (S. 523). Die Assoziationen beschränken sich auf einen einzigen Punkt: „Der graue Koffer stammt aus der Lektüre des neusten Buchs von Meyrink ‚Walpurgisnacht‘“ (ebd.).

Lang findet das Motiv des „Dienenden“ hervorhebenswert: der Träumer wird wieder Gehilfe, dienendes Personal ist vorhanden, auch das Küchenpersonal ist „dienend“. Hier setzt sich offenbar das Wagner-Motiv fort. Der „Bewußtseinsumfang“ des Träumers habe sich erweitert durch die Aufnahme der Küche. Doch die Erweiterung beschränkt sich, wie man später sieht, nicht auf die Küche; es gibt ja

---

1 Anmerkung des Herausgebers Volker Michels: Mitte Oktober 1895 hatte der 18jährige H. Hesse in der Tübinger Buchhandlung seine Lehrzeit begonnen und in der Herrenbergerstr. 28 bei Frau Dekan Leopold ein Zimmer bezogen (SW 1917/18a, S. 522).

sogar eine Schule im Haus. Aber das Haus bleibt eine Bruchbude[2]. Der Träumer möchte am liebsten gleich wieder ausziehen, vor allem wegen dieser unfreundlichen Männer, zu denen Lang nichts zu sagen weiß.

Vielversprechend ist noch das Motiv des grauen Koffers. Lang muss hier passen, er habe den Roman noch nicht gelesen. Hesse leiht ihm auf seine Bitte sein eigenes Exemplar. Weiter findet sich aber nichts mehr zu diesem Motiv in der Korrespondenz.

Schließlich noch zwei Träume, bei denen jeweils eine erotische junge Frau im Mittelpunkt steht (im ersten [SW 1917/18a, S. 524] tritt sie unter falschem Namen auf). Lang deutet beide Träume ähnlich: dass sich „etwas unter einem erotisch-sexuellen Gewande meldet", das „in Wirklichkeit etwas sehr Aristokratisches, Feines" ist und zunächst vom Träumer nicht angenommen wird; im letzteren (S. 525) ergibt sich aus den Assoziationen, dass dieses Mädchen, das ein Liebeslied singt und dieses dann mit Worten erklärt, „das Geniale" ist, das sich anschickt, „zum Wort zu kommen und Ihnen den fremdsprachlichen Text Ihres Ubw. zu übersetzen" (BL, S. 56). Interessant ist noch ein Nebenmotiv des ersteren Traumes von zwei Männern, die Holz spalten (SW 1917/18a, S. 525). Hier versucht Lang eine Übertragungsdeutung: sind das vielleicht Sie und ich, die „für ein künftiges Feuer Holz spalten" (BL, S. 56.) – in der Tat ein schönes Bild für den analytischen Prozess mit seinen Haarspaltereien, aus denen „Feuer" entstehen soll, von denen Langs penible, detailversessene Deutungen ihrerseits gute Beispiele sind.

Hesse erwidert, er sei „sehr dankbar" für diesen Brief, habe auch allerhand Einfälle dazu gehabt, aber sei vor lauter Arbeit nicht dazu gekommen, etwas davon aufzuschreiben.

Kurz vor Weihnachten folgt noch ein weiterer Brief, in dem Lang eine Deutung zu Hesses Parabel „Der Europäer" (SW 1917/18b) gibt. Es ist eine Sintflut-Geschichte; die Welt bevölkert sich nach den Vernichtungen des Krieges wieder mit lebendigen Wesen, nur der Europäer kann in dieser neu aufblühenden Welt seinen Platz nicht finden; er hat nichts zu bieten als seinen Verstand, als „sonderbare und hochmütige Worte" (SW 1917/18b, S. 155). Lang mahnt aber, den Verstand nicht abzuwerten; er sei ein „Stand, archimedischer Punkt, von dem aus Sie den Kontakt mit dem Unbewussten wagen können" (BL, S. 59).

## *Ist Lang der Organist Pistorius in Hesses „Demian"?*

Just in dieser analyse-intensiven Zeit, September und Oktober 1917, soll auch Hesses Demian niedergeschrieben worden sein (F, S. 45). Ball hebt die enge Ver-

2 Die Studentenbuden in der Tübinger Altstadt waren auch noch zu meiner Studentenzeit und sind wohl bis heute ein Kapitel für sich. Noch lange und gelegentlich bis heute träume ich von der absurden Topographie meiner damaligen Bude in der Langen Gasse Nr. 11. Diese Träume stehen sozusagen „archetypisch" für Primitivität und Zerfall.

bindung zwischen diesem literarischen Werk und der Analyse Hesses bei Lang hervor. Ball ist es auch, der im Organisten Pistorius des „Demian“ ein Abbild Langs erkennen will, wenn auch ein verfremdetes. Es gibt im Briefwechsel selbst keine Belege (vgl. aber Baumann 2001, Anm. 35), dass dies von den beiden Beteiligten, Hesse und Lang, so verstanden wurde (außerdem, setze ich hinzu: auch die Titelfigur Max Demian benimmt sich streckenweise, z.B. in der Kromer-Episode, wie ein Analytiker; ferner klingt das schon erwähne Motiv des „Führers“, der am Ende ins eigene Ich aufgenommen wird, am Schluss des Romans in Verbindung mit Max Demian noch ein weiteres Mal an). Das Einzige, was konkret für die Pistorius-Identifikation spricht, ist dies, dass Pistorius den jungen Sinclair in die Gnosis einführt und ihn mit seinem „Gott Abraxas“ bekannt macht:

> „Blicken Sie ins Feuer, blicken Sie in die Wolken, und sobald die Ahnungen kommen und die Stimmen in Ihrer Seele anfangen zu sprechen, dann überlassen Sie sich ihnen und fragen Sie ja nicht erst, ob das wohl auch dem Herrn Lehrer oder dem Herrn Papa oder irgendeinem lieben Gott passe oder lieb sei! Damit verdirbt man sich. Damit kommt man auf den Bürgersteig und wird ein Fossil. Lieber Sinclair, unser Gott heißt Abraxas, und er ist Gott und ist Satan, er hat die lichte und die dunkle Welt in sich. Abraxas hat gegen keinen Ihrer Gedanken, gegen keiner Ihrer Träume etwas einzuwenden. Vergessen Sie das nie. Aber er verläßt Sie, wenn Sie einmal tadellos und normal geworden sind. Dann verläßt er Sie und sucht sich einen neuen Topf, um seine Gedanken drin zu kochen“ (SW 1919, S. 320).

Wie die Kunde von der Gnosis und vom Gott Abraxas an Hesse gelangt ist, darüber gibt es zwei etwas unterschiedliche Versionern. Von Lang habe Hesse die Informationen über die Gnosis, über Basilides und seinem Gott Abraxas erhalten, sagt die eine. Davon spiegelt sich im Briefwechsel aber nur wenig, von Abraxas ist nur einmal die Rede, als der „Demian“ schon im Erscheinen ist. Ende 1919 sei Jung auf das Buch aufmerksam geworden, das ja unter Pseudonym veröffentlicht war, und Lang habe anlässlich eines Besuches bei Jung das Geheimnis gelüftet (BL, S. 143 f.). Jung schreibt daraufhin an Hesse, wie beeindruckt er sei und fügt noch eine Deutung für den Schluss des Romans (die Granatexplosion) hinzu (Hesse 2006, S. 146).

Sicher spielte die Gnosis für Lang eine bedeutende Rolle. Aber es fragt sich, ob dieser konkrete Hinweis auf den Gott Abraxas nicht doch von woanders herkam, nämlich von Jung selbst. Dieser reklamiert in einem späten Brief an den amerikanischen Psychiater Maier, der eine Arbeit über Jung und speziell über dessen Einfluss auf den Demian verfasst hat (Maier 1952, 1999), diese Urheberschaft letztlich für sich; schon damals habe er auch in direkter Verbindung zu Hesse gestanden(nach F, S. 13). Hesse hat jedenfalls bereits damals die „Septem Sermones ad mortuos“ gelesen (GW 1917/18a, S. 493), deren zweiter und siebter vom Abraxas handelt. Jungs Diktion scheint auch mir der von Hesse gebrauchten in ihrer Saloppheit („sucht sich einen neuen Topf …“) ähnlicher als die stets etwas getragene Tonlage, in der Lang sich auszudrücken liebt.

Es gibt demnach zu diesem Punkt zwei unterschiedliche Versionen, beide dokumentarisch belegt; letztendlich ist nicht zu entscheiden, welche die zutreffende ist (ähnlich Baumann 2001, S. 6, Anm. 20).

Als Hesse den Demian an den Verleger abgeschickt hatte, schickt er an Lang ein Zitat aus dem „Faust" von Lenau mit der Bemerkung: „Pistorius … könnte das wörtlich gesagt haben". Es beginnt so

> „Mein Faust, ich will dir einen Tempel bauen,
> Wo dein Gedanke ist als Gott zu schauen.
> Du sollst in eine Felsenhalle treten
> Und dort zu deinem eignen Wesen beten" (BH, S. 49).

Allerdings soll das nur für „Hochgewachsene" bekömmlich sein, fährt der Text fort, ein Kind oder ein Hund würde in den Dämpfen, die aus der Tiefe der Höhle aufsteigen, ersticken. Beten zum eignen Wesen, zu den eigenen Gedanken, die „Gott" sind – das soll demnach der Kern der Pistorius-Abraxas-Philosophie sein.

Ein bescheidenes Beispiel zu „Gott Abraxas" begegnete mir dieser Tage: nach einer Analysestunde mit einem älteren Mann, traditionell katholisch orientiert, fand ich auf meinem AB einen überschwänglichen Anruf, in dem das Wort „Wunder" vorkam; er habe nach der Stunde sein verloren geglaubtes Hörgerät im Auto gefunden, das verdanke er mir und auch dem Heiligen Antonius, zu dem er gebetet habe. Ich antworte ihm bei nächster Gelegenheit: ich wolle weder meine Verdienste noch die des Heiligen Antonius in Abrede stellen; die Hauptsache sei es aber doch aus meiner Sicht gewesen, dass *er* nach dieser Stunde im besseren Besitz seiner Wahrnehmungs- und Denkfähigkeit gewesen sei und deshalb das verloren geglaubte Stück wie von selbst habe wiederfinden können. Also: nicht dem Analytiker oder dem Heiligen Antonius habe er zu danken, sondern seinen eigenen durch die Analyse befreiten Kräften. Das würde nach meinem Verständnis heißen: nicht zum Heiligen Antonius oder zum Analytiker, sondern zum eigenen Wesen beten.

## *Langs „Phantasieen"*

Ab Januar 1918 begann Lang damit, seinem Analysanden Hesse merkwürdige Texte zuzuschicken, die er seine „Phantasieen" (sic) nannte[3]. Es geht dabei um eine Art „automatisches Schreiben" unter Ausschaltung der Bewusstseinskontrolle:

---

[3] Lang muss im ersten Halbjahr 1918 eine größere Anzahl solcher Texte produziert haben, drei oder vier davon sind erhalten. Das „oder" bezieht sich auf den Text vom 16.4.1918 im DLA Marbach, mit dem die im Briefwechsel (Hesse 2006, S. 85 f.) abgedruckten Auszüge aus dem auf den 17.4.18 datierten Text im SLA Bern fast wörtlich übereinstimmen, so dass es sich vermutlich um denselben, am nächsten Tag nur leicht überarbeiteten Text handelt, der in Marbach und in Bern archiviert ist.
In diesem Kontext habe ich Dr. Volker Fröhlich (Würzburg) zu danken, der die Marbacher Archivbestände mit mir zusammen durchgesehen und darüber hinaus das Entstehen dieser Arbeit mit seinem Rat und freundschaftlichen Anregungen begleitet hat.

> „Es ist so geschrieben, wie es in die Feder geflossen ist; diesmal musste ich stenographieren, weil die Einfälle so reichlich kamen, dass ich nach einer schnellen Fixierung mich umsehen musste“ (BL, S. 65).

Es wird nicht ganz klar, was er mit der Zusendung bezweckte: vordergründig ging es ihm darum, Hesses künstlerisches Urteil über diese Texte zu erhalten, ob das womöglich „Kunst“ sei. Unklar bleibt, ob sie darüber hinaus auch einen Stellenwert in der Analyse haben sollten, etwa in dem Sinn, der heutzutage unter dem Stichwort „self-disclosure“ (vgl. Bittner 2007) diskutiert wird.

In erster Linie geht es Lang um Hesses künstlerisches Urteil, das letzten Ende negativ ausfällt. Er möchte von Hesse wissen „was Sie *formal* zu meiner Phantasie sagen?“ (BL, S. 65), mit anderen Worten: er fragt, ist das Kunst? Hesse treibt Stilkritik: „Zum Beispiel ‚ein alter, grauer, weißbärtiger Patriarch‘ – da ist mir das ‚grau‘ zu viel“. Das seien „Bagatellen, aber an ihnen liegt oft alles, ob etwas als Form künstlerisch oder dilettantisch sei“ (BH, S. 66). „Ihre Worte darüber waren mir äusserst wertvoll“, schreibt Lang zurück, „gaben Sie mir auf einem Gebiete eine Sicherheit, von dem ich gar nichts verstehe; ich meine, vom Künstlerisch-Formalen“ (BL, S. 70). Später wird Hesse noch einmal ausführlicher und deutlicher (BH, S. 77 f., BL, S. 90).

Aber es scheint doch beiderseits zumindest eine Ahnung vorhanden zu sein, dass diese Diskussion, ob „Kunst oder nicht“, nicht alles ist. Mit dem Brief vom 8. Januar 1918 hatte zunächst Hesse dem Lang ein Manuskript geschickt, das zuerst ein Roman hatte werden sollen, dann „ohne Romaneinkleidung“ eine direkte Selbsteröffnung, und beide Male nach drei Seiten abgebrochen worden war. *Hierauf* antwortet Lang mit der Übersendung seiner ersten Phantasie als Selbst-Mitteilung, die offenbar die ähnlich gelagerten Intentionen bei Hesse wieder aus der Stockung heraus und erneut in Fluss bringen will:

> „es will vielleicht etwas kommen, das noch unmittelbarer ist, ich meine so, wie ich Ihnen beiliegend eine Probe schicke, wie es bei mir jetzt weitergeht“ (BL, S. 64).

Langs Selbst-Eröffnung also erfolgt eindeutig auch im Hinblick auf den analytischen Prozess. Es konstelliert sich somit zwischen Hesse und Lang eine besondere und facettenreiche Art von „mutueller Analyse“ (Ferenczi 1988): da sind zum einen Hesses literarische und Langs „möchtegern“-literarische Arbeiten, die ausgetauscht und in den analytischen Prozess eingebracht werden, anderseits aber auch schwerer fassbare unterschwellige Austauschprozesse: beide suchen auf je unterschiedliche Art eine Befreiung aus ihren „Verliesen“, aus den je unterschiedlich gelagerten Hemmungen ihrer schöpferischen Potenz. Auch Lang sucht „Befreiung“, zunächst zum Künstlertum, zu dem er sich irrigerweise berufen glaubt, dann aber auch zunehmend deutlicher zum Leben, zu „den Frauen“, weg von seiner allzu „antiquarisch“ lebensfremden Gelehrsamkeit. Diese besondere unbewusste Konstellation war wohl der Motor dieser Analyse.

## *Der Monte Verità, Johannes Nohl und die Folgen*

Ein tiefer Einschnitt muss für Hesse ebenso wie für Lang die Zeit auf dem Monte Verità gewesen sein. Dieser war in den ersten beiden Jahrzehnten des 20. Jahrhunderts der Sitz einer lebensreformatorisch orientierten Künstlerkolonie, wo sich Expressionismus, Anarchismus, östliche Philosophie, Ausdruckstanz, Vegetarismus und – nicht zuletzt – Psychoanalyse in bunter Mischung begegneten. Was alle diese Bewegungen einte, war der anti-bürgerliche Affekt. Hesse war schon früher dort gewesen, für Lang war das offenbar absolutes Neuland. Dorthin also zog es Hesse in der sich zuspitzenden Ehekrise, und er zog Lang mit auf diesen Weg.

Lang war im April 1918 für 5 Tage auf Hesses Einladung mit dorthin gereist. Nach seiner Rückkehr bedankt er sich überschwänglich, „dass Sie mir zu dem grossen umwälzenden Erlebnis verholfen haben". Er erlebt sich jetzt auf einem Weg, der „vorwärts, allerdings ins Unbekannte und Unerforschte" führt. Die Alternative laute jetzt für ihn nicht mehr, Wissenschaft oder Kunst, sondern Kunst oder Religion. „Ich weiss jetzt, dass es nur das Religiöse sein kann, was mich momentan weiterbringen kann, ob dann nachher auch noch etwas Künstlerisches meiner wartet, weiss ich noch nicht" (BL, S. 87). Seine Faszination von Hesse ist wohl darin begründet, dass ihm in diesem das Künstlerische sozusagen leibhaftig begegnet, und ihn auf die Frage an sich selbst zurückwirft: bin ich zu so etwas berufen? Er scheint den Unterschied zu Hesse zu spüren und von den Künstler-Träumen erst einmal Abstand nehmen zu wollen.

Zwei der oben erwähnten „Phantasien" Langs stehen im direkten Zusammenhang mit dem aufwühlenden Monte Verità-Erlebnis: die erstere, vom 4.4.18 datiert, also kurz vor der Abreise, spiegelt die innere Gestimmtheit, mit der er dorthin gefahren ist. Der Text hat als einziger eine reale Anbindung durch den Vermerk über dem Datum: „Liederabend von Frau Durigo", einer in der Schweiz damals bekannten, von Lang ebenso wie von Hesse geschätzten Konzertsängerin, einer „Frau, die in meiner Seele eine grosse Rolle spielt" (BL, S. 60; übrigens ein schönes Beispiel dafür, wie Unterschiedliches Hesse und Lang in dieselbe Frau hineinprojizieren, vgl. BH, S. 52).

> „Ein reifes wunderschönes Weib schwebt vom Himmel herunter, die Lenden hoch geschürzt mit duftiger roter Seide, eine Posaune am blasenden Munde. Ein weithinschallender Ruf!
> E r w a c h e t!
>
> Es öffnet sich die schwarze Erde. Husch, sind sie da, die bleichen knarrenden Gerippe, an denen nch Fetzen verfaulenden Fleisches hängt. Jetzt tanzen sie einen Tanz um mich, ein sinnbetörender Lärm erfüllt die Luft, bläuliche Flammen durchzucken züngelnd die pechschwarze Nacht".

Der Liederabend mag diese Einleitungsszene inspiriert haben: die vom Himmel herabschwebende Frau, die Posaunenstimme und den Weckruf. Dann wechselt die Ebene der Handlung. Die Unter-Welt tut sich auf. „Wer seid ihr, leere Schatten?“ fragt das Ego. Die Schatten stellen sich als seine „Ankläger und Richter“ vor (auf eine Art Jüngstes Gericht hatte bereits die einleitende Posaunenstimme vorbereitet). Die Anklage lautet, er habe die Tierwesen, die nur noch Gerippe sind, „bei lebendigem Herzen“ begraben.

Eins der Gerippe fängt an zu schnattern wie eine Gans. Es bekommt einen Vogelkopf und einen Drachenschwanz und fordert das Ego zum Kampf auf. Das Monster bietet ein faires Duell an, versorgt das zunächst waffenlose Ego mit einer Stachelkeule. Aber die Übermacht der inzwischen „unzähligen“ Schnatterwesen ist zu groß, der Leib der Ich-Figur wird zerstückelt, ihre Sinne schwinden. Das Ego stirbt, sein Leib wird verbrannt. Totenstille erfüllt das Weltall.

Wiederum ein Szenenwechsel: Das Ego erwacht als wohlgestalteter Jüngling, sehnt sich nach einer Gefährtin, das Weib erscheint, riesenhaft, unbeschreiblich schön und hässlich zugleich (DLA Marbach, Hesse-Archiv).

Die nächste der erhaltenen Phantasien vom 16.4.18 stammt direkt vom Monte Verità.

> „Ich sehe vor mir einen langen schmalen Gang, zu beiden Seiten sind von der Decke bis auf den Boden herabfallende Vorhänge aus duftiger roter Seide, die von den beiden Innenseiten leuchtend rot beleuchte sind. Ich trete in den Gang ein. So fort kommt mir von dem entgegengesetzten Ende des Ganges eine gans rotglühende menschliche Gestalt entgegen, mit einem langen Schwanz, der in einen runden Haarbusch endigt & mit dem er in zierlicher Bewegung auf dem Boden wie mit einer Abstaubbürtse hin & herwedelt. Er sieht merkwürdig aus. Sobald er mich sieht, macht er scheinbar ehrerbietig, einen tiefen Knix.
> Womit kann ich dienen?
> Ich bin erstaunt über diese Frage.
> Mein Herr, die Vorstellung beginnt, zur rechten & zur linken wird gespielt, Sie können wählen.
> Wie viel kostet der Eintritt?
> Links die Kotballe eines Pferdes, rechts das Ergebnis eines starken Erniesens“ (Orthographie nicht verbessert).

Die Phantasie beginnt mit einem etwas lächerlichen Vorspiel: eine Vorstellung in einer Art magischem Theater (ganz im Ernst gefragt: sollte das die „Urgestalt“ des Magischen Theaters sein, die später von Hesse übernommen und im „Steppenwolf“ ausgestaltet wurde?), wo als Eintritt ein Pferdeapfel oder ein Nasenrotz („das Ergebnis eines starken Erniesens“) gefordert wird. Zwölf feuerrote Hähne rufen Kikeriki, seine Hose platzt, zum Vorschein kommt eine gewaltige Erektion; anschließend verwandelt er sich in eine Frau und gebiert eine grüne Schlange (DLA Marbach, Hesse-Archiv).

Die Botschaft ist deutlich: es geht um einen Wandlungsprozess, der sich anbahnt: Gerippe werden lebendig: das Ego schlägt sich mit grotesken Tierwesen herum; es erhebt sich ein mächtiges Geschnatter. Alle diese Phantasien tragen übrigens die merkwürdige Jahreszahl 1. 1918 wäre somit das erste Jahr einer neuen Zeitrechnung, die nicht mehr von Christi Geburt, sondern von der Wiedergeburt des Josef Lang ab gezählt wird.

So weit Langs Reaktion auf den Monte Verità. Was „machen“ seine Texte mit mir? Sie ärgern mich, weil ich ihnen nicht beikomme. Träume sind das nicht, dafür sind sie zu schwülstig, zu posaunenhaft. So träumt man nicht. Es sind Visionen. Visionen können – oder müssen gar – pathetisch sein. „Seherinnen“ fallen mir ein: die Seherin von Prevorst, die Gottliebin Dittus, an zeitgenössischen Gabriele Wittek, die Begründerin des Universellen Lebens (vgl. Bittner 2011).

Hesse verweilt noch erheblich länger auf dem Monte Verità. Dort lässt er sich auf eine kurz dauernde, aber folgenreiche analytische Beziehung zu dem „wilden“ Analytiker Johannes Nohl ein. Rückblickend auf die Nohl-Episode schreibt er später an Lang:

> „Viel dachte ich nach über den Unterschied der Analyse bei Ihnen und bei Nohl. Der Ihren verdanke ich sehr viel. Was bei Nohl mir imponierte, ist das viel stärkere Drängen auf direkte Assoziationen, das mehr ‚bei der Stange bleiben‘. Nicht in den weiteren Anschauungen, aber in der Technik der Analyse ist er mehr Freudianer“ (BH, S. 89).

Ich zweifle, ob damit der Unterschied zwischen Lang und Nohl zutreffend charakterisiert ist. Ich denke, die Differenz müsste mehr darin gelegen haben, dass Lang seine analytische Botschaft mehr umwegig in Traumanalysen und weitschweifende Amplifikationen verpackte, während Nohl stärker drängend auf die Triebthematik zugriff und damit bei Hesse und vor allem bei seiner Frau Mia, die später ebenfalls nach Ascona reiste, eine explosionsartige Dramatik in Gang setzte, die zur geradezu fluchtartigen Auflösung der Familie führte und bei Mia eine Krise mit teils psychotischer Symptomatik auslöste.

Zugleich kam die Analyse mit Lang durch die sich überstürzenden äußeren Ereignisse fürs erste an ihr Ende: Lang wechselte über in die Rolle des selbstlos helfenden Freundes, der sich um die stationäre psychiatrische Versorgung von Frau Mia ebenso wie um die Unterbringung der Hesse'schen Kinder kümmerte. Für subtile Traum-Meditationen war da kein Raum mehr. Lang wurde psychisch derart in die Ereignisse hineingezogen, dass auch bei ihm Tendenzen zum Ausbruch aus der Familie und zu einem freieren erotischen Leben sich konstellierten. Er schreibt an Hesse: „Ich bin in der letzten Zeit wieder sehr mit meiner eigenen Analyse beschäftigt, das erotische Problem steht bei mir wieder ganz im Vordergrunde“. „Das Christentum hat uns hier die Möglichkeiten auf alle Art und Weise … versaut. Aber es muss auch wohl hier einen Weg geben, der zur Erlösung führt. Ob er aber innerhalb der Ehe gangbar ist? Ist die Ehe in der zweiten Lebenshälfte überhaupt noch erträglich, muss sie nicht überwunden werden? Ich würde sehr gerne mich einmal über diese Fragen mit Ihnen aussprechen“ (BL, S. 92 f.).

Hesse geht erst zwei Monate später auf Langs Überlegungen ein; wieder gab es zwischenzeitlich eine Flucht zu Nohl, die erneut destabilisierend wirkte.

> „Wir hatten Anfang Sept. den Herrn Nohl aus Ascona etwa zehn Tage da, der mit mir und noch mehr mit meiner Frau Analyse trieb(!), und dies brachte unsre Verhältnisse aufs neue in allerlei Schwankungen und Gefahren. Ich war nicht imstande, Ihren lieben,

mir wertvollen Brief über Ehefragen zu beantworten, ich selber war mit meiner Ehe wieder einmal gar nicht in Ordnung". „Ein Gespräch mit Ihnen wäre mir erwünscht", heißt es gegen Ende des Briefes (BH, S. 95).

Warum hat sich Hesse aus der laufenden Analyse mit Lang heraus wieder an Nohl gewandt, mit dem er anscheinend vorher schon in Kontakt gewesen war? Weil er mit Lang nicht zufrieden war, meint Cremerius (1983, S. 173). Diese Deutung liegt nahe, auch wenn ein konkreter Grund der Unzufriedenheit nicht ersichtlich ist, es sei denn, man zieht den Vorwurf des jungen Sinclair an Pistorius zur Begründung heran, der letztendlich dessen Reden von Abraxas und Gnosis „verflucht antiquarisch" fand und sich innerlich von ihm verabschiedete (SW 1919, S. 332).

Und in der Tat: wie Nohl sich zu Hesses Ehekrise in einem seiner Briefe einlässt, das ist nicht antiquarisch, sondern geht konkret zur Sache. Er tadelt nämlich Hesse, dass er sich wohl in Streitereien mit seiner Frau darüber verwickelt habe, wer mehr Schuld an der Ehekrise trage, und sieht darin ein „abermaliges Symptom" seines Vater-Komplexes. Auf seine Frau habe er nämlich eine Vaterübertragung gemacht. Dies alles wird aufgehängt an der Deutung eines Traumes, den Hesse ihm geschrieben hatte: den „Bettler"-Traum (vgl. 1917/18a, S. 591 ff.), den Nohl auf den biblischen Verlorenen Sohn deutet: „So gleichst Du jenem älteren Bruder, der nicht wissen will, daß Gnade vor Recht ergeht und daß wir ohne die Gnade keinen Augenblick leben könnten" (Brief Nohls an Hesse, zit. nach Dudek 2004, S. 99).

Das sind gute und klare psychoanalytische Worte (nicht umsonst hat sich auch Freud damals anerkennend über Nohl geäußert (Freud Pfister 1963. S. 67)[4] – und doch bleibt die Tatsache bestehen, dass diese Analyse auf die Eheleute Hesse und ihre Beziehung destabilisierend gewirkt hat.

Noch etwas ist an Nohls Deutung interessant: sie lässt sich als „eine unbewusste Projektion in Richtung des eigenen Bruders lesen" (Dudek 2004, S. 100). Johannes Nohls Bruder Herman, der bekannte Göttinger Pädagogik-Professor, war der bürgerlich Arrivierte, er selbst der Outcast, der „verlorene Sohn" in der Familie Nohl. Das liegt nach allem, was Dudek über das Verhältnis der Brüder Nohl dargelegt hat, auf der Hand. Und doch mindert es nicht die Richtigkeit der Deutung im Blick auf Hesse. Sollte wahr sein, was ich schon vor längerer Zeit vermutet habe, dass Deutungen nur „richtig" sein können, wenn Sie unserer eigenen neurotischen Konflikthaftigkeit abgerungen sind?

## *Destabilisierung allerseits*

Der nächste erhaltene Brief Hesses an Lang datiert fast ein halbes Jahr später; jetzt ist die eheliche Gemeinschaft mit Mia mehr oder weniger aufgelöst; er lebt

4 Die Herausgeber des Briefwechsels haben allerdings Johannes Nohl symptomatischerweise mit seinem Bruder verwechselt!

„seit Monaten wieder allein, ohne Frau und Kinder, und halte mich wieder an die drei Tröstungen meiner Jugendjahre: literarische Arbeit, Alkohol und im Hintergrund der tröstliche Gedanke an den Selbstmord" – ganz anders als Lang in der Zwischenzeit, als er nichts von Hesse hörte, von ihm geträumt hatte: „Der braungebrannte Hesse, den Sie im Traum sahen, samt seiner melodischen Dichtung entspricht ganz gut der Wirklichkeit", kommentiert Hesse diese Phantasie von Lang sarkastisch (BH, S. 96). Immerhin heißt es, wieder ein knappes halbes Jahr später: er habe „seit ich meine Ehe als erledigt betrachte, öfter wieder kurze Liebesabendteuer angesponnen" (BH, S. 99).

Lang berichtet von Hesses Frau: jede Diskussion mit ihr sei unmöglich: sie sei die „Fleisch gewordene Weibheit, die die Mannheit unsterblich hasst, weil sie doch ohne dieselbe nicht leben kann". Aus dieser Ehe könne nichts mehr werden. Daran anschließend spinnt Lang seinen eigenen ehekritischen Faden weiter: die Ehe müsse wahrscheinlich überwunden, die Familienbande müssten gelöst werden. „Es ist doch merkwürdig, dass die meisten Religionsstifter gegen die Einehe eingestellt waren: sie ist ... eine Einrichtung für die Ordnung und Konvention ..., für den lieben Staat, der alle Progression hasst und hassen muss". Er träumt von einem neuen „Kloster mit allen Freiheiten, ... als neue zu schaffende Kollektivität für den Menschen". Hesse soll ihm helfen, diese Ideen zu verwirklichen, „Ich möchte mich nicht mehr als Ihren Arzt betrachten, sondern als Ihr Weggenosse und Freund" (BL, S. 102 f.).

Hesse antwortet sozusagen postwendend und im Prinzip zustimmend, hat aber momentan andere, konkretere Sorgen und Bedrängnisse: die Unterbringung der Kinder, von Haus und Hausrat. Er sieht sich zugedeckt mit Alltagsproblemen und fühlt „das Gehirn und Talent eines Dichters" dabei ebenso vergeudet, wie wenn man „mit einem Rasiermesser Holz spaltet" (BH, S. 106).

Lang versteht: Hesse braucht im Moment vor allem praktische Hilfe. Die Korrespondenz der nächsten Wochen handelt von diesen lebenspraktischen Themen. „Irgend einmal sollte ich unbedingt nochmals ein wenig analysiert werden", findet Hesse im November 1919 (BH, S. 132). Die Analyse ist aber erst mal suspendiert.

Zwischendurch hatte Lang Hesse für eine paar Tage in Montagnola besucht und bei dieser Gelegenheit die junge Ruth Wenger kennen gelernt, die ihn nachhaltig beeindruckte. „An die Königin der Berge[5] denke ich noch viel", schreibt er einige Wochen nach diesem Besuch (BL, S. 125). Um diese Zeit gehen Hesse und Lang in der wechselseitigen Anrede in ihren Briefen zu „Lieber Freund" über.

Das Jahr 1920 beginnt beiderseits mit einem ganz anderen Ton in den Briefen. Von Lang gibt es einen Brief an Jung vom 5. Januar 1920, der dramatisch klingt: „Ich bin in einer solchen Lage, dass ich Ihre Hilfe brauchen würde. ... Ich bin an einem Problem, das ganz mit Ihnen ... verbunden ist" (BL, S. 156). Er legt eine

5 „Königin des Berges" ist in der griechischen Mythologie ein Ehrentitel der Aphrodite Urania (Ranke-Graves 1960, Bd. 1, S. 60)

„Phantasie“ bei, die er am Neujahrsabend ausgearbeitet hat und für deren „anstössigem Inhalt und Sprache“ er sich entschuldigt. „Ich meinte, ich würde rasend von dem unerträglichen Feuer, das in meinem Anus brannte und mich verzehrte“ (BL, ebd.). Ein naturgemäß peinliches Symptom, an dem übrigens auch Mozart zeitweise litt („Mein Arsch brennt mich wie Feuer“, vgl. Bittner 1992b, S. 36), in medizinischer Nomenklatur handelt es sich vermutlich um besonders heftige Attacken von pruritus ani.

In einem Brief an Hesse drei Wochen später erwähnt er auch den denkwürdigen Neujahrsabend, aber schon mit wesentlich mehr Distanz: er habe eine Grippe durchgemacht; „wenn es wirklich damals eine Grippe war und nicht etwas Psychogenes, wofür ich verschiedene Beweise habe. Denn am Neujahrstag wäre ich beinahe wieder krank geworden, dann konnte ich aber daraus eine Phantasie machen und ich behielt meine Libido oben“ (BL, S. 157) – eine typisch jungianische Denkfigur, die Lang einige Jahre später genau so auf Hesses Gicht anwenden wird: der zugrunde liegenden Phantasie muss man auf die Spur kommen, dann braucht sich die Libido nicht in einem Krankheitssymptom zu materialisieren.

Auch Hesse empfindet in seinem ersten Brief im neuen Jahr das Bedürfnis, „wieder Analyse zu treiben, was ich leider nicht allein kann“ (BH, S. 158). Er lädt Lang ein, im Frühling wieder einmal nach Montagnola zu kommen. Beim Gedanken an Montagnola beginnen sogleich Langs Phantasien zu spielen: er wolle „unbedingt einmal einen richtigen Rausch erleben“. Und dann vor allem (der Gedanke an Ruth Wenger mag ihn dazu inspirieren): er brauche „absolut notwendig ein Tigerweib, mit dem ich spielen und kratzen könnte“ Er schließt: „Sie sind der einzige Mensch, der mich verstehen kann. Ich bin Ihnen so dankbar“ (BL, S. 161).

Mit dem Aufenthalt in Montagnola wird es aber nichts, er muss zu einem Patienten nach England. Aber auf der Durchreise in Basel trifft er doch „zufällig“ Ruth Wenger (BL, S. 168) und hat „einen sehr schönen Nachmittag“ mit ihr. Sein Thema sind jetzt ganz allgemein die Frauen: „Und weil mir diese Welt noch verschlossen [ist], so muss ich notwendig den Weg der schwarzen Magie gehen. … Ich hoffe, dieser Weg führe zu jenem Weibe, das ganz Dirne ist“ (BL, S. 169).

Erhalten ist ein hymnischer Brief an Ruth: „Du schöne Zauberin! Brauchst Du wirklich keinen Zauberlehrling?“ (BL, S. 170). In Gedanken geht er unverzüglich schon am nächsten Tag daran, ein neues Leben zu projektieren: die Praxis verkaufen, die Kinder bei Freunden und Verwandten unterbringen, die Ehe auflösen: „unsere Entwicklung hat einen zu divergenten Verlauf genommen“ (BL, S. 171). Er projektiert für sich selbst jetzt sozusagen alles das, was er für Hesse im Jahr davor mitgestaltet und mit organisiert hat.

Hesse, das Vorbild, sagt Ja zu seinem Plan. Er mahnt ihn nur, den Schritt nicht aus einer pessimistischen Lebenseinstellung heraus zu tun (merkwürdige Sätze: hat Hesse schon vergessen, dass auch er immer wieder an der Schwelle zum Selbstmord stand – und weiterhin steht?).

## *Auch Langs Ehe gerät ins Schwanken*

Es ist lange her, dass Lang der Lehrer und weise Magier war. Was Sinclair dem Pistorius in seinem „Demian“ entgegen hält – alles, was er sage, sei so „verflucht antiquarisch“, lässt sich jetzt mühelos auf Lang beziehen: der weiß zwar alles über Abraxas und die Gnosis, in Bezug auf „die Frauen“ aber ist er nach eigenem Bekunden ein Analphabet geblieben. Darum musste Hesse ihn damals auf dem Monte Verità verlassen und sich zu Johannes Nohl hin orientieren, der die Kritik der bürgerlichen Ehekonventionen praktisch lebt.

Aber Lang ist ein gelehriger Zauberlehrling. In dem Jahr 1919, als Hesses Ehe sich auflöste, hat er selbst sozusagen ein Praktikum in Ehe-Auflösung bei ihm gemacht: durch seine intensive Teilhabe an den Auflösungsprozessen der Hesse'schen Familie hat Lang konkret erlebt und erfahren, wie so etwas vor sich geht. Sein scheinbar selbstloser Einsatz hat ihn mit den realen Verhältnissen vertraut gemacht: er weiß jetzt, wie das geht, wenn Strukturen zerbrechen.

Nun entdeckt er, in einem nächsten Schritt, seine eigenen ungelebten Wünsche, die brennen wie „Feuer unterm Arsch“, um in seiner psychosomatischen Bildersprache zu bleiben. Ihm steht der Sinn nach „Rausch“ aller Art: Alkoholrausch, Sex-Rausch, schöpferischem Rausch. In allen drei Hinsichten ist Hesse der Erfahrenere, dem Lang nacheifert und den er zugleich beneidet.

Wie es dann zwischen Lang und Ruth Wenger zum Eklat kam, spiegelt sich im Briefwechsel mit Hesse nur lückenhaft. Lang macht Ernst, leitet die Trennung von Frau und Kindern ein, fährt ins Tessin. Bärbel Reetz schildert die Szene, die sich dort abspielt, gestützt auf einen Bericht, den Ruth selbst gegeben hat:

> „Gemeinsam wandern sie (Ruth, Hesse und Lang – G.B.) ins Grotto nach Sorengo, die Freunde sind dabei, sie trinken Wein und singen. Arien, Volkslieder und immer wieder das Teresina-Lied, einen Gassenhauer, den Hesse liebt: ‚La sua mama alla finestra/Con una voce serpentina:/Vieni a casa, o Teresina,/Lasc'andare quel traditor‘.
>
> Lang jedoch kann nicht singen , versteht auch den Text nicht, fühlt sich ausgeschlossen, presst die Lippen zusammen, wenn Ruth und Hesse lachend wiederholen: ‚Son venuto per fare l'amor‘. Er springt auf, schreit: ‚Das lasse ich mir nicht gefallen, ich bin doch kein Schuljunge, ich bin doch kein Gymnasiast‘. Erschrocken starrt Ruth auf die Szene, kann nicht fassen, ‚diesen gebildeten, ernsten Mann, den Psychoanalytiker und Chef einer grossen Irrenanstalt so vollkommen ausser sich zu sehen‘. Wild mit den Armen gestikulierend, wiederholt er heiser: ‚Das lasse ich mir nicht gefallen …‘. Hesse versucht zu beruhigen: ‚Loset, loset, Lang‘, sagt er auf schwyzerdütsch, aber Lang läuft erregt davon …“ (Reetz 2012, S. 171 f.).

Die folgenden Briefe sind den „Aufräumungsarbeiten“ nach dem Zerschlagen des Porzellans gewidmet. Lang entschuldigt sich bei Hesse dafür, dass er sich „dumm“ benommen habe: „Ich war eben ganz in den Klauen der negativen Vaterübertragung auf Sie, ich habe aber jetzt die Konstellation erkannt und kann jetzt korrigieren“. Über „das Erleben mit Ruth“ weiss er zu sagen: „Ich habe sie wirklich sehr lieb, aber meine Liebe zu ihr ist noch zu egoistisch und sinnlich, trotzdem sie auch überaus übersinnlich und mystisch ist. Das ist eben der Fluch des Mystikers, dass seine Liebe aus der grössten Sinnlichkeit und aus der perversesten Erotik herauskommt ... und dass das ‚Objekt' diese Liebe so nicht verstehen kann. Ich habe mich immer gewundert, warum Faust gerade auf das Gretchen hereinfallen musste" (BL, S. 176 f.). Mit anderen Worten: er ist Faust, und Ruth, indem sie mit dieser Art von Liebe nichts anzufangen weiß, ist eben zu einfältig für ihn. Lang bietet sich hier als die Karikatur eines Analytikers dar, nicht nur eines jungianischen ... .

Hesse erweist sich als der im Moment bessere Analytiker, indem er Langs Neid auf ihn beim Namen nennt und als erstes trocken seine eigene Befindlichkeit konstatiert. „Mich würden Sie weniger mehr beneiden, wenn Sie wüßten, wie nahe ich fast jeden Tag am Selbstmord stehe". Sodann findet er Langs Neid in der zurückliegenden Szene „mit Ruth, als wir sangen" sehr verständlich. „So geht es mir, so oft ich Menschen tanzen sehe, was ich in der Jugend nicht gelernt habe, und wobei ich mich immer ausgeschlossen und zur Vereinsamung verdammt vorkomme" (BH, S. 178).

Von Langs erträumten großen Aufbruch ist also nicht viel übrig geblieben: die Annäherung an Ruth ist spektakulär gescheitert. Er hat mit seiner Familie gebrochen, seine Praxis aufgegeben und eine Stelle an einer Klinik angenommen, wo er sich eine „bleibende Stätte ... bereiten und hier mit der Erde ... verwachsen" will (BL, S. 181) – ohne solche Sprüche geht es anscheinend bei ihm nicht, und allzu lange wird er in St. Urban auch nicht bleiben.

Hesse indessen fühlt sich weiter von Suizid-Gedanken geplagt und hat „das Gefühl, daß eine energische Fortsetzung meiner Analyse mich retten könnte" (BH, S. 179); er hat allerdings nach dem Vorgefallenen offenbar doch das Zutrauen zu Lang etwas verloren, und entschließt sich, C.G. Jung selbst um ein Stück Analyse zu bitten, das 1921 stattfindet. Lang billigt es, „dass Sie zu Dr. Jung gehen, ...weil Dr. Jung Ihnen viel besser wird helfen können, da er eben viel weiter fortgeschritten ist ..." (BL, S. 181).

In Bezug auf sein eigenes Leben zeigt sich Lang resigniert: St. Urban hat ihn zu 99% enttäuscht, er kommt von der „Nur-Psychologie" immer mehr weg. Da er glaubt, in diesem Leben keine Früchte mehr zu bringen, arbeitet er nur noch „für die Ewigkeit" (BL, S. 183 f.) – die großen Sprüche hat er offenbar noch nicht verlernt.

## *Jung im Hintergrund*

Der direkte analytische Kontakt mit Jung im Sommer 1921 – zugleich sein zweites „Aussteigen" aus der Analyse bei Lang nach der Nohl-Episode – gibt Anlass zu vergegenwärtigen, wie intensiv Jung die ganze Zeit von Hesses Beziehung zu Lang sozusagen „im Hintergrund" präsent war.

Wenig später, nachdem Lang den Hesse ermahnt hatte, „den Verstand" des Europäers nicht zu sehr abzuwerten, erhielt er seinerseits einen Brief von Jung (datiert vom 18. Januar 1918), worin dieser ihn im gleichen Sinn ermahnt: er warnt vor dem „Prophetenwahn", der aus der Beschäftigung mit dem Ubw, öfter hervorgehe. „*Es ist der Teufel*, der sagt: Verachte nur Vernunft und Wissenschaft der Menschen allerhöchste Kraft. Das ist nie zu vergessen, trotzdem wir gezwungen sind, das Irrationale anzuerkennen" (zit. nach Shamdasani in Jung 2009, S. 209). Diese Erkenntnis wird sogleich brühwarm an Hesse weitergegeben – wie man aus dessen Antwort erkennt, mit mäßigem Erfolg.

Dieser Zuordnung, die ich hier vornehme, steht freilich die eindeutige Datierung der beiden Briefe entgegen: der Brief Langs an Hesse datiert vom 18. Dezember 1917, der Jungs an Lang vom 18. Januar 1918. Dennoch scheint mir meine Konstruktion plausibel: es müsste der Gedanke Jungs schon vor dem Brief auf andere Weise an Lang gekommen sein, etwa über eine „Supervision", wie wir heute sagen.

Aus einem Brief Jungs an Lang im März 1918 ist zu entnehmen, dass dieser ihm einige seiner „Phantasien" übersandt hatte. Jung bestärkt ihn darin, diese Linie weiter zu verfolgen, weil es nötig sei, dass „wir die Inhalte des Ubw. *erleben*, bevor wir uns darüber Ansichten machen" (ebd.). Dann bestätigt er Lang auch in seinem Interesse für Gnosis und Neoplatonismus, denn „jene Systeme enthalten die Materialien, die die Fundamente einer Lehre des ubw. Geistes zu bilden berufen sind. … Ich freue mich, dass Sie ganz aus sich dieses Arbeitsgebiet entdeckt haben". Dieser Satz ist wichtig festzuhalten, weil er im Gegensatz einer später zu behandelnden Äußerung Jungs steht, die er im hohen Alter gegenüber dem amerikanischen Psychiater Maier machte. Dann kommt er in der eben zitierten Briefstelle offenbar zurück auf die ihm übersandten Lang'schen „Phantasien": „Ich halte es für sehr wichtig, dass Sie Ihr eigenes Material *unbeeinflusst*, so sorgfältig wie möglich aus dem Ubw. herausarbeiten. Mein Material ist *sehr umfangreich"* (das bezieht sich offensichtlich auf das Schwarze und das Rote Buch, mit dessen liber tertius er gerade befasst ist – G.B.). „Was mir aber gänzlich fehlt, ist modernes Vergleichsmaterial". Bemerkenswert ist die nachfolgende Bemerkung über Texte, die seiner eigenen Intention zwar nahe stehen, diese Funktion als Vergleichsmaterial aber nicht ausfüllen können. „Zarathustra ist zu stark bewusst gestaltet. Meyrink retouchiert ästhetisch …" (ebd.). Auf die Gestaltung der Phantasien „aus dem Unbewussten heraus" also kommt es Jung an. Der Herausgeber des „Roten Buches" hat Stellen aus jener Phase eingesammelt, wo dieser sein eigenes Vorgehen bei der Generierung und Beurteilung solcher Phantasien darstellt (Shamdasani in Jung 2009, S. 209 ff.).

An der Entstehung des „Roten Buches" scheint Lang als „Mit-Leser" nicht beteiligt gewesen zu sein. Textstücke kursierten zwar fortlaufend im Kreis von Jungs engsten Vertrauten (ebd., S. 205, 217, 214 ff.) – zu denen Lang jedoch offenbar nicht gehörte. Er könnte, obwohl nur fünf Jahre jünger als Jung selbst, der analytischen Anciennität nach „zu jung" gewesen sein und eher zur Generation der „Ausbildungskandidaten" gehört haben. Er machte seine persönliche Analyse bei

Riklin, dessen analytische Befähigung von Jung damals auch kritisch gesehen wurde (S. 206.).

Da jedoch zwischen Jungs Psychologischem Club und der Zürcher Kunst- und Literaturszene (z.B. zu Dada, insbesondere auch zu Hugo Ball) Verflechtungen bestanden und die Frage, ob das, was der Jung-Kreis machte, auch eine Art „Kunst" sei lebhaft die Gemüter beschäftigte (S. 205 f.), lag es nahe, dass Jung auch Langs Analyse mit Hesse und dessen literarische Werke mit Interesse registrierte. An Hesse schrieb er nach Erscheinen des Demian (SW 1919) einen anerkennenden Brief (in: Hesse 2006, S. 145 f.); vom „Steppenwolf" trug Hesse das Schlusskapitel über das magische Theater persönlich im Klub vor (F, S. 240).

In Bezug auf Jungs Kenntnisnahme von Hesses Demian, auf dessen Entstehen Lang ja merklichen Einfluss hatte, ist die Quellenlage widersprüchlich, wie oben dargelegt: einerseits geht aus dem Lang-Hesse-Briefwechsel hervor, dass Jung, als er auf den unter Pseudonym erschienenen Demian aufmerksam wurde, ihn mit Hesse erst in Verbindung brachte, nachdem Lang ihm in einer vertraulichen Mitteilung Hesses Autorenschaft eröffnet hatte – anderseits relativiert Jung Langs Bedeutung in seiner späten Äußerung an Maier; außerdem habe er selbst in der Entstehungszeit des Demian persönlichen Kontakt mit Hesse gehabt.

Das einzige Mal, da Jung aus dem Hintergrund hervorgetreten und selbst als Analytiker Hesses tätig geworden ist, waren die Sitzungen im Sommer 1921. Lang hatte mit diesem „Fremdgehen" Hesses zum großen Meister offenbar doch Probleme, indem er sich über Jungs neueste Publikation, die „Psychologischen Typen", ungewohnt abfällig äußert und einen bösen „Weg der Verholzung" bei Jung konstatiert (BL, S. 184), womit er zwar nicht unrecht haben könnte, aber doch Hesses Parteinahme für Jung herausfordert: „Was Sie über Jung sagen, billige ich nur, soweit es seine literarische Arbeit angeht. Menschlich machte er mir diesen Sommer einen vorzüglichen Eindruck und war mir viel wert" (BH, S. 186).

Was genau Hesse sich aus den wenigen Gesprächen mit Jung holen konnte, was er bei Lang nicht fand, ist aus dem Briefwechsel nicht zu erschließen. In Briefen an andere Adressaten hat er sich jedoch sehr positiv über diese Gespräche mit Jung geäußert (vgl. Baumann 1999), so dass das abschätzige Urteil von Cremerius (1999, S. 5) nicht gut nachvollziehbar ist.

Einige kurze Andeutungen darüber, was Jung ihm tatsächlich sagte, finden sich in einem Notizbucheintrag Hesses, z.B.: „Man muß wollen, was man eigentlich möchte" (SW 1921, S. 656).Aus einer anderen Quelle (die ich nicht mehr identifizieren kann) ist zu entnehmen, Jung habe ihm nahe gebracht, dass er das latente Revoluzzertum, den Anti-Standpunkt gegen die Welt und das Leben, wie es nun einmal ist, aufgeben müsse, wenn er einigermaßen glücklich leben wolle.

Es könnte allerdings noch andere Gründe als Hesses „Untreue" gegeben haben, die Lang veranlassten, zu Jung auf Distanz zu gehen: Jung hatte die Beziehung zu Maria Moltzer abgebrochen, zu der Lang in enger freundschaftlicher Verbindung stand und von der Jung meinte, dass sie „ihm gegenüber unter Verfolgungswahn leide“ (F, S. 13). Jungs Verhältnis zu Lang sei vom Konflikt mit Moltzer jedoch nicht beeinträchtigt worden. Lang selbst hat das wohl anders gesehen: in einer späteren Zeit seines Strafprozesses fühlte er sich von Jung aus dem Club „hinauskomplimentiert“ (F, S. 17) oder doch nur halbherzig mit einer positiven Stellungnahme an das Gericht unterstützt. Eine letzte, höchst problematische Intervention Jungs kurz vor Langs Tod wird später zu erörtern sein.

## *Der „Steppenwolf“ und Hesses zweite analytische Phase mit Lang*

Die nächsten Jahre plätschert die Korrespondenz zwischen Lang und Hesse dahin. Lang hat seine Stelle in St. Urban aufgegeben und die Stelle eines Leitenden Arztes in Meiringen im Berner Oberland angetreten; er hat Sorgen mit Krankheiten seiner älteren Tochter und seiner Frau, der er sich letztendlich wieder zugewandt hat. Als geistige Beschäftigung hat er sich auf die Astrologie geworfen und stellt nun für Hesse und auch für Ruth Wenger, deren Heirat mit Hesse sich abzuzeichnen beginnt, unentwegt Horoskope (später auch für Ninon Dolbin, vgl. das Horoskop vom 26.5.1926 bei Gisela Kleine S. 531 ff.). Hesse geht es nach wie vor schlecht, er wünscht sich, wieder manchmal analytische Gespräche mit Lang zu führen.

Die Arbeit am „Steppenwolf“ hatte Hesse in den Wintern 1923/24 und 1924/25 in Basel begonnen (F, S. 229), wo er sich aufhielt, um Ruth Wenger nahe zu sein, die dort studierte. Im Spätherbst 1923 beendete Lang seine Tätigkeit in der Psychiatrischen Klinik Meiringen, wo er sich doch sehr vereinsamt fühlte (BL, S. 219) und ließ sich in freier Praxis in Zürich nieder. Hesse meldet mehrfach analytischen Gesprächsbedarf an (BH, S. 222, 224), nicht zuletzt im Zusammenhang mit seiner bevorstehenden Heirat: sein Unabhängigkeitsbedürfnis sowie sexuelle Störungen machen ihm zu schaffen. Auch im Hinblick auf eine Stockung der Arbeit am Steppenwolf erbittet er Langs Hilfe (BH, S. 228).

Manche Motive aus dem Steppenwolf finden sich beinahe wörtlich in der Korrespondenz, bezogen auf ihn selbst: das Unabhängigkeitsbedürfnis, das er durch die bevorstehende Eheschließung mit Ruth Wenger bedroht sieht; seine eigene Morgenmuffelei, Maskenballbesuche in Zürich zusammen mit Lang, dem Vorbild der Romanfigur Pablo. Auch das Motiv seiner fortwährend wiederholten Suizidphantasien, vor allem im Zusammenhang mit dem bevorstehenden 50. Geburtstag, ist im Steppenwolf-Psychogramm des Romans wieder zu entdecken und findet dort eine recht plausible psychologische Deutung:

> „Allmählich ... schuf er sich aus dieser Neigung gerade eine dem Leben dienliche Philosophie. Die Vertrautheit mit dem Gedanken, daß jener Notausgang beständig offen stehe, gab ihm Kraft ...“ (SW 1927, S. 52).

Diverse Gedichte stark auf die eigene Person bezogenen Inhalts, teils in der Korrespondenz (BH, S. 234), teils im Nachlass von Lang (F, S. 235) in vorläufigen

Fassungen überliefert, lassen vermuten, dass diese Texte als Material der Analyse eine Rolle gespielt haben könnten.

Unmittelbares Analysenmaterial wie in der ersten Behandlungsphase ist aus dieser zweiten nicht überliefert, lediglich eine Art „Behandlungsplan", den Lang in zwei relativ dicht aufeinanderfolgenden Briefen an Hesse entwickelt.

Im ersteren Brief vom 29.5.1927 bedankt er sich für die Übersendung des „Steppenwolf", an den er mit seiner Analysenphantasie anknüpft: er wünsche, „dass der Harry nochmals zur Hermine zurückgeht, zur wirklichen Hermine, nicht nur zu jener Theaterfigur, die er in seinem steppenwölfischen Missverständnis glaubte, mit einem wirklichen Dolche erstechen zu müssen". Diese Problemlösung im Roman hält er offenbar für inadäquat, für konkretistisch und gewaltsam, für einen Versuch des Entwischens. „Ich wäre dafür, dass Harry jetzt einmal zu einer wirklichen Analysis animi ... verurteilt würde. ... Weisst, bis jetzt war es nur Vorspiel. Pablo hätte allerlei Tränklein für Harry in seiner Hexenküche. Das Saxophon wird aber zeitweise ohrenbetäubend knirschen" (BL, S. 243). Er identifiziert sich also ausdrücklich mit der Romanfigur des Pablo, der dort ja in der Tat als der ludi magister des magischen Theaters fungiert. Lang warnt: das wird kein analytischer Spaziergang werden!

Inhaltlich steht für ihn im Vordergrund Hesses Gicht, die er für psychosomatisch hält: „Meine Gier geht auf Deine Gicht und Consorten" (BL, S. 244). Also: der Hauptangriffspunkt soll die Gicht sein, die anderen Beschwernisse sind nur „Consorten". Weiter oben hatte er schon geschrieben: „Glaubst Du wirklich, dass Deine Harnsäure sich so mit einem imaginären Eisen (wie dem Dolch, mit dem er Hermine im magischen Theater erdolchte – G.B.) auflösen lasse" (BL, S. 243). Er hält Hesses Auflösung des Hermine-Motivs im Roman für in ähnlichem Sinn unadäquat wie im realen Leben seinen Umgang mit der Gicht. Die Vorstellung ist, die Harnsäure müsse durch die Analysis animi aufgelöst werden und das heißt zugleich: er müsse zur „wirklichen" Hermine, zur gelebten Sexualität und den Sexualphantasien zurückkehren[6]. Er greift dabei zurück auf eine Idee, die er schon in einem Brief vom 4.9.1923 entwickelt hatte: „Übrigens wird wohl auch Ihrer Gicht eine sehr starke Quote Psychisches zu Grunde liegen. Ich habe das sehr deutlich am frühern Anstaltspfarrer von St. Urban gesehen, der jahrelang an schwerster Gicht gelitten hat, dann aber eine Dementia praecox bekam, wo seine gestaute Sexualität schlimmsten Kalibers hemmungslos zum Ausdruck kam, mit einem Male war die Gicht für immer verschwunden. Es ist, wie wenn die Harn-

---

[6] Rätselhaft ist im Roman Hermines Ankündigung, dass Harry sie auf ihren eigenen Befehl töten werde. Das Rätsel löst sich am Ende, nach vollzogener „Tat" (aber was heißt schon Tat im magischen Theater!), dahingehend auf, dass Harry erkennt, dass sie auf Grund ihrer Hellsichtigkeit für seine innere Welt, nur dessen eigenen verborgenen Wunsch erspürt und diesen als den ihren zum Ausdruck gebracht habe (SW 1927, S. 200) – so könnte Hermine bzw. „Harry" Hesse oder auf Umwegen evtl. doch wieder Lang sich als Erfinder dessen erweisen, was heute mit Melanie Kleins Ausdruck als „projektive Identifikation" in aller Analytiker Munde ist!

säure materialisierte Libido wäre“ (BL, S. 220). Der Anstaltspfarrer also wurde seine Gicht los, als er seine Verrücktheit leben konnte. Ähnlich spielt Hesse im Roman mit dem Wort „verrückt“, das magische Theater ist „nur für Verrückte“, es ist im Schlusskapitel des Romans so etwas wie eine experimentelle Psychose, die die Möglichkeit, das Leben zu ertragen, wiederherstellt. Darauf geht also Langs „Gier“: Hesses Harnsäure durch Analyse in „freie“ Libido zurück zu verwandeln.

Dazu passt die etwas rätselhafte Schlusswendung dieses jetzigen Briefes: „Unterdessen sendet Dir herzlichste wahrste Pfingstgrüsse aus dem Hurenhaus in meiner geilen Seele Dein altneuer Longinus ..., der mit der Lanze das Herz trifft“ (BL, S. 244).

Da ist wieder vieles verdichtet: Pfingsten steht vor der Tür, die Analyse soll ein „wahres“ Pfingsten sein mit Ausgießung des Heiligen Geistes. Zugleich kommen die Grüße aus dem „Hurenhaus“ von Langs eigener „geiler Seele“: geil ist sie zunächst einmal auf die Analyse der Gicht, d.h. auf die Verwandlung der Harnsäure in sexuell-erotische Libido, auch insofern kommen die Grüße aus dem Hurenhaus von Langs eigener Seele, wobei Hurenhaus wiederum eine Anspielung auf den Roman ist, wo das Hurenhaus von Hermine, Maria und Konsonsortinnen der eigentliche Ort der Wandlung des Harry Haller ist. Longinus ist Langs eigener latinisierter Name, zugleich Anspielung auf die überlieferte Longinus-Legende: Longinus ist der Soldat unter dem Kreuz Jesu, der seine Seite mit der Lanze öffnet, so dass Blut und Wasser herausfließt. Hesse wäre dann Jesus, der am Kreuz seiner Leiden hängt und der vor der Lanze der Analyse ins Herz getroffen werden soll, damit das (gestaute, erstarrte) Blut in Bewegung kommt und fließen kann.

Noch ein Wort aus der zitierten Schlusspassage des Briefes bedarf der Kommentierung: Dein *altneuer* Longinus. Lang ist einerseits inzwischen Hesses *alter* Freund. Zugleich aber tritt er jetzt als Longinus, der „mit der Lanze das Herz trifft“, als Hesses Analytiker also, in eine qualitativ *neue* Art von Beziehung zu ihm. Er deklariert feierlich auf Latein: „Nunc incipit ludus novus.“ Dieses neue Spiel der Analyse hat neue Regeln des Miteinander. Er versagt sich einen ins Auge gefassten Freundschaftsbesuch, denn: „Es muss eine Cäsur in die Beziehung der letzten Monate eingesägt werden“ (BL, S. 243). Im Unterschied zum anything goes der früheren Analysenphase geht es darum, dass man sich wenigstens das erste Mal nach den Regeln dieses neuen Spiels mit „festen Absichten“ gegenüber tritt – immer noch weit entfernt von jedem Setting-Fetischismus, aber doch die grundsätzliche Einsicht kommt hier zum Ausdruck, dass das „neue Spiel“ nach neuen Regeln zu spielen ist.

Der zweite der hier zu kommentierenden Briefe datiert vom 13.6.1927, mit einem kurzen Nachtrag einen Tag später, also etwa 2 Wochen nach dem ersten Brief. Am Tag davor hat offenbar eine analytische Sitzung stattgefunden: „Ich hatte mich gestern an Dir und Deinen Träumen so gefreut. ... Ich habe gestern Nacht noch lange über Deine Träume nachgedacht ...“. Leider kennt man die Träume nicht, aber Lang ist sich sicher, „dass wir jetzt den Faden haben, [mit] dem wir aus dem Labyrinth Deiner Gicht hervorkommen ohne dass wir Dir als Künstler schaden müssen“ (BL, S. 245).

Hier ist ein sehr grundsätzliches Problem der Psychoanalyse von Künstlern angesprochen, das Hesse beschäftigte ebenso wie andere Künstler vor und nach ihm, z.B. Rilke, der der Furcht Ausdruck gab, „daß, wenn man mir meine Teufel austriebe, auch meinen Engeln ein kleiner ... Schrecken geschähe“ (Brief an v. Gebsattel vom 24.1.1912).

Nach Lang besteht die Aufgabe in einer „Differenzierung“, „...mit der es möglich sein wird, die Stoffwechselhemmung zu beheben, andererseits aber Dein äußeres Leben zu befreien und Deine Künstlerfunktion zu schützen“ (BL, S. 245).

Am zweifelfreiesten gelungen ist das Letztgenannte: Hesses Künstlertum wurde nicht erkennbar geschädigt. Seine psychische und physische Verfassung hingegen ist nicht durchgreifend verbessert, jedenfalls klagt er weiterhin regelmäßig über Schmerzen (BH, S. 253, 255, 256).

Zurück zum Brief vom 13.6.1927. Lang war nicht allein bei Hesse, Tochter Karli war mit dabei, die Hesse liebt und verehrt. Überraschend beginnt der Brief mit der Mitteilung, dass Karli „wieder linksseitig ganz gelähmt ist und auch die gleichen Symptome hat wie die letzten Male“ – diese Lähmung muss sich sehr plötzlich manifestiert haben; am Tag zuvor während des Besuches bei Hesse war offenbar noch nichts davon zu bemerken (die Tochter soll vermutlich an Gehirntuberkulose gelitten haben, F, S. 238).

Die Tochter Karli gab auch den Grund für den Nachtragsbrief vom 14.6.1927. Karli wollte unbedingt einen selbstgemachten Kaffeewärmer an Hesse übermittelt haben. Zudem hat sie einen offenbar rezenten Traum erzählt: Hesse habe ihr „in strengem Tone“ gesagt: „sie sei deshalb wieder krank geworden, weil sie zu Herrn Ball in die Analyse gegangen sei. ... Dafür müsse sie jetzt büssen“. Lang setzt hinzu: „Ich verstehe das gar nicht. Und Du?“ (BL, S. 246). Den Anmerkungen des Herausgebers ist zu entnehmen, dass eine analytische Behandlung von Langs Tochter Karli und seiner Ehefrau in diesem Jahr bei Ball, der ja ein völliger Autodidakt war und keinerlei formale analytische Qualifikation aufzuweisen hatte, von diesem selbst bezeugt ist (F, S. 247). Ob Hesse sich auf diesen Traum einen Reim machen konnte, ist aus der Korrespondenz nicht zu entnehmen. Jedenfalls waren solche Interferenzen von Analysen – Hesse ist bei Lang in Analyse, Langs Tochter und Frau bei Ball. Ball ist mit Hesse und mit Lang befreundet. Tochter Karli schwärmt für Hesse – für die damalige Anfangszeit der Analyse nicht untypisch. Ähnliches kam in Freuds Wiener Kreis vor, wie man z.B. Peter Hellers Erinnerungen (in: Bittner, Heller 1983, S. 7 ff) entnehmen kann. Trotzdem scheint nicht nur nachteilig gewesen zu sein, dass sich diese Analysen auf dem Hintergrund eines Netzwerkes menschlicher Verbundenheit abspielten.

Ein überraschender Nachtrag zu dieser mit der Honorierung vom Oktober 1927 (BH, S. 250) – vielleicht nur scheinbar – beendeten Analysenphase: Von Bärbel Reetz ist zu erfahren, dass Hesse sich im Frühjahr 1928 einer Sterilisation unterzogen habe, nachdem Ninon ihm gestanden hatte, dass sie ein Kind von ihm wollte (Reetz 2012, S. 270). Er teilt Lang nur mit, dass er in Berlin sei, „wo ich aber bisher im Bett liegen mußte" (BH, S. 253). Der Kommentar von Reetz: „Keine weiteren Erklärungen für den engsten seiner Freunde" (Reetz 2012, S. 270). Ist das wirklich denkbar, zumal er noch ein Jahr später den markanten Satz an Lang schrieb: „Ich bin froh, daß es wenigstens dich gibt, o Longe. Andre Leute mögen dies und jenes von Kunst verstehen, aber die dunkle und wilde Seite der Seele versteht niemand so gut wie du" (BH, S. 258).

Wenn es stimmt, dass dieses Ereignis aus der Kommunikation mit Lang ausgeklammert war, würde es alle Vorurteile gegen die jungianische Analyse bestätigen, dass sie sich nur auf der Ebene des Mythologischen bewege und dass die Lebensrealität spurlos an ihr vorbeilaufe. Leider erfährt man nicht, woher Reetz ihre Information hat. Die Ninon-Biographin Gisela Kleine (1982) erwähnt im Zusammenhang mit der Berlin-Reise (S. 240 f.) jedenfalls nichts in dieser Richtung. Auch Feitknecht, der schier allwissende Herausgeber des Hesse-Lang-Briefwechsels hat zu diesem Brief vom 2. April 1928 nichts dergleichen angemerkt.

## *Der Abtreibungsprozess: Lang wird vor Gericht gestellt (1933-1940)*

Ein düsteres Kapitel in Langs Analytiker-Biographie ist der Abtreibungsprozess, der sich von 1933 bis 1940 hinzog. Lang hatte – Genaueres ist nicht in Erfahrung zu bringen, da die Prozessakten nicht mehr existieren (F, S. 337) – psychiatrische Gutachten verfasst, die den betreffenden Frauen die Schwangerschaftsunterbrechung ermöglichen sollten. Ursprünglich waren außer den beteiligten vier Ärzten auch die 60 Frauen angeklagt: die Anklage gegen sie wurde indessen bald fallengelassen.

Langs eigene Bewertung seiner Mithilfe zur Schwangerschaftsunterbrechung ist nicht ganz eindeutig. In einem Brief an Hesse von 1930 schreibt er, er mache „noch zeitweise in Kindesmord" (BL, S. 273), was doch etwas nach schlechtem Gewissen klingt. Zwei Monate zuvor hatte er Hesse gegenüber die Phantasie ausgemalt, er wolle sich in einem Haus einmauern, wo ihn die Polizei nicht findet (BL, S. 271). 1933 stirbt seine ältere Tochter Karli an einer Sepsis, die sie sich durch eine Kratzwunde von ihrer Katze zugezogen hat; gleichzeitig bricht die Anklage über ihn herein. „Ich bin sehr bange davor. Ich kann Dir nicht sagen, wie ich den Staat und alle seine Schergen hasse. ... Jene 24 Stunden Untersuchungsgefängnis mit all den Demütigungen und Beleidigungen waren zu hart. Und doch habe ich nur meine Menschenpflicht getan und meiner Überzeugung nach gehandelt. Jetzt machen die Menschen überall alle Anstrengungen um noch das kleine Bischen Humanität, das bis jetzt errungen ist noch wieder völlig zu vernichten und nennen das nationale Erneuerung. Es ist eine scheussliche Welt" (BL, S. 292) – Sätze, die ich persönlich Lang nur zu gut nachfühlen kann.

In dieser Zeit hält er im Psychologischen Club einen Vortrag „Fragment einer Traumanalyse", bei dem er sich in der Diskussion nur noch von Jung ein wenig unterstützt fühlt (BL, S. 297). Anfang 1935 wird er vom Vorstand des Psychologischen Clubs zum Austritt aufgefordert, „da es das Ansehen des Clubs nicht vertrage, mich weiter als Mitglied zu führen, da ich doch in einer kriminellen Untersuchung stehe“. Jung versichert ihm zwar brieflich, er habe „persönlich keine Einwendungen“ gegen ihn; Lang erinnert sich aber doch an Jungs Reaktion, als er ihm das erste Mal von seiner Kriminalaffäre erzählte: Jung habe ihm ausführlich von einer Geschichte aus China gesprochen, wo politisch Verfolgte sich selbst umgebracht hätten, um ihr „Vergehen am Staatswohl“ entsprechend zu sühnen. Er empfindet dies als eine versteckte Aufforderung sich umzubringen, dennoch will er ihm „auch heute noch nicht diese Gefälligkeit erweisen“ (BL, S. 307 f.). Am 11.3.1940 kann er Hesse endlich den Freispruch mitteilen. „Es war schon eine wüste Zeit“ (BL, S. 392).

## *Abraxas revisited: Langs revolutionäre Theologie*

Langs spätes Buch „Hat ein Gott die Welt erschaffen“ (1942) nennt sich im Untertitel „Ein exegetischer Versuch“, der die überlieferte biblische Schöpfungsgeschichte von Genesis I bis II 4a neu auslegt. Ist Dr. med. Josef Lang unter die Theologen gegangen?

In der Einführung bekennt er sich dazu, Arzt und Psychiater zu sein. Gerade als Seelenarzt habe er erfahren, dass die meisten Menschen vom Problem der „Herkunft ... und der Bestimmung der Welt und insbesondere des Menschen“ bewegt seien (VII). Um über den „Dilettantismus“ in der Behandlung dieser Menschheitsfragen hinauszukommen, habe er an der Universität Zürich sechs Semester semitische und antike Philologie studiert und daneben auch theologische Vorlesungen besucht.

Mich interessierte im gegenwärtigen Zusammenhang an diesem Buch: was ist aus seinem gnostischen Gott Abraxas geworden, über den er als Pistorius in Hesses „Demian“ dozierte? Ist Lang in dieser Spur weiter gegangen? Ja und nein, wird man sehen. Auf den ersten Blick ist seine jetzige Frage eine andere. Er übersetzt die biblischen Verse neu, gestützt auf sein spät erworbenes philologisches Rüstzeug.

„Im Anfange, als Elohim den Himmel und die Erde formte, war die Erde (noch) eine Wüste und eine Leere, und Finsternis war über der Urflut ...“(S. 1). Jedes einzelne Wort wird neu auf seine Bedeutung abgeklopft. Die Vorstellung einer creatio ex nihilo wird abgewiesen; stattdessen zeigt er, dass es in der Vorstellung des biblischen Autors ein Vorher gegeben haben muss: die Wüste und Leere, die Finsternis, die Urflut. Das eigentlich Bemerkenswerte ist, dass, nachvollziehbar philologisch begründet, das Chaos, die Finsternis, die Urflut als Göttergestalten, als Personifikationen und Bilder einer „Muttergöttin, aber in ihrem negativen Aspekt“ aufgefasst werden – Vorstellungen, wie wir sie „heute noch, oder besser gesagt, heute wieder mehr als je, in den Träumen und unbewussten Phantasien der meisten Menschen anzutreffen gewohnt sind“, dem von Jung her vertrauten „Bilde der furchtbaren Mutter“ (S. 23).

Es geht ihm demnach gegenwärtig weniger um eine gnostische, sondern modern gesprochen um eine feministische Theologie, die die als ursprünglich angenommene, im Alten Testament unterdrückte „weiblich materiale Gottheit" in ihre Rechte setzen will.

Und doch wird auch des Abraxas noch einmal gedacht. Lang mokiert sich über den biblischen Schöpfergott Elohim, der die Weltschöpfung mit Befehlen voranbringt: „Es sei Licht" usw. Dieses Befehlen, findet er, habe „wenig mit der Fülle und der inneren Spannung" eines wirklich „zeugungskräftigen Logos" zu tun; es habe „seinen Sitz gewissermassen in den obersten Schichten der Gehirnwindungen" (S. 43). „Wie es dagegen in der Brust eines wirklichen Schöpfergottes wallt und wogt", zeigt er auch jetzt am Beispiel des gnostischen Abraxas: „Als der Gott zum ersten Mal lachte, leuchtete Licht auf, und Strahl durchstrahlte das All". Diese „wahrhaft samenstrotzenden Laute" setzt er in Kontrast „mit den saftlosen Versen von Gen. 1, 3 und 4" (ebd.).

Ich denke, man kann ihm darin folgen – und zugleich daran festmachen, um was es ihm damals wie jetzt ging: „Gott" mit einer ins Unbewusste reichenden Tiefendimension zu vergegenwärtigen, als ein sozusagen zusammengesetztes, multiples Wesen, in dem die alten Muttergöttinnen noch ebenso fortleben wie die vitalen zeugerischen Potenzen des Mannes: nicht nur die obersten Hirnwindungen, sondern auch der „samenstrotzende" Unterbau.

Das Buch verspricht im Titel eine Erörterung von Theologie und *Anthropologie* der Genesis-Geschichte. So wird der Leser bei der Antwort auf die letztere Frage etwas enttäuscht: dass der nach seinem Bild erschaffene Mensch dem Elohim in der Gestalt und äußeren Erscheinung analog sein soll (S. 94), verwundert wenig angesichts der durchgängigen Neigung des biblischen Textes zu konkretistischen Aussagen; eher schon gibt der krude Sexualismus zu denken, den der Verfasser im Text zu finden meinte (er übersetzt die geläufige Stelle Gen. 1 (S. 27), mit „Als Männchen und Weibchen formte er sie", ganz in einer Reihe also mit den Tieren; und spricht vom Mann als dem „Durchstecher", und der Frau als der „Durchbohrten" (S. 101 f.).

Wichtiger als diese Aussagen über den Menschen erscheint eine weitere religions-geschichtliche Charakteristik von Elohim: er steht nicht als autonomer „Schöpfer" vor Augen, sondern als einer, der nur eine „Mission oder einen Auftrag" ausgeführt hat, wie ein „Beauftragter" seiner eigenen, eben der patriarchalen Götterpartei; er hat wie Marduk „nach der Besiegung und Tötung der alten Göttermutter aus ihrem Leichnam seine neue Welt gebildet" (S. 118). Diese religiöse Konzeption eines Demiurgen „spielte nicht nur in der griechisch-römischen Philosophie und Mythologie, sondern auch in so vielen gnostischen Systemen mit jüdisch-christlichem Einschlag eine grundlegende Rolle" (S. 118) – womit wir wieder in die Nähe von Abraxas kommen.

Lang hat Hesse das Buch im Mai oder Juni 1942 mit einer knappen Widmung („Mit herzlichsten Grüssen / Longus", BL, S. 402) übersandt, ziemlich schnell antworten Hesse und Frau Ninon. Hesse schreibt, er sei dessen „philologischen Feinheiten mit Bewunderung und oft mit großem Spaß, seinen Gesinnungen mit Sympathie nachgegangen“, ausser den vielen Druckfehlern habe ihm nur der Titel nicht gefallen (BH, S. 402). Lang darauf: der Titel sei ein Kompromiss mit dem Verleger gewesen; er selbst hätte das Buch nennen wollen „Das göttliche Schweigen am Werk“ (BL, S. 403) – mit anderen Worten: der biblische Gott redet zu viel, er befiehlt fortwährend; Langs gnostischer Gott hingegen schweigt und handelt aus sich selbst heraus wie der menschliche Künstler auch.

Für mich, wenn ich die lebenslange Beziehung zwischen Lang und Hesse als eine bis ans Ende analytische nachzuzeichnen suche, stellt dieses Buch deren eigentlichen Schlusspunkt dar: Langs nicht einmal so ganz unbewusster Motor in seinem Engagement für Hesse war seine Faszination durch das Schöpferische – zunächst des Künstlers, wie er es an Hesse erlebte, sein Neid auf dieses künstlerische Schöpfertum, das er sich gern angeeignet hätte und von dem er sich von Hesse sagen lassen musste, dass er es nicht besitze. Nach mühsamem Studium der altorientalischen Sprachen und unter dem sieben Jahre dauernden Martyrium seines Kriminalprozesses gelang ihm ein schöpferisches Werk ganz anderer Art: auf dem Umweg des Nachdenkens über den Schöpfergott wurde er ein bemerkenswert schöpferischer Theologe, der wahrhaft Umwälzendes zu verkünden hatte, auch wenn seine Botschaft, wie dies schöpferischen Geistern manchmal widerfährt, nicht gehört wurde. Sein Werk soll zu seinen Lebzeiten gerade mal acht Käufer gefunden haben (Hesse 2006, S. 408). Er muss nach dem Zeugnis seiner Tochter nach der enttäuschenden Reaktion auf sein Buch furchtbar niedergeschlagen und verzweifelt gewesen sein (S. 408 f.). Immerhin konnte er auf Vorschlag von Jung auf der Eramos-Tagung 1942 über seine Forschungen berichten (F, S. 408).

## *Langs Lebensende*

Das Buch ist wirklich ein Schlussstein. Er kündigt in den letzten Sätzen zwar noch eine Fortsetzung an, die sich mit Gen. II 4b bis IV auseinandersetzen und wiederum mit dem Gottesbild. sodann aber auch mit dem „religiös und psychologisch so wichtigen Problem der Erbsünde“ (S. X) befassen soll – aber dafür reichen Lebenszeit und -kraft nicht mehr. Er leidet schon seit langem unter hohem Blutdruck (bis 230 mm Hg, Hesse 2006, S. 411). Am 5. März 1944 erleidet er einen Schlaganfall.

Langs letzter erhaltener Brief schildert eine etwas groteske Entwicklung. Jung schaltet sich, von Langs zweiter Frau (die erste Frau war bereits 1928 verstorben, F, S. 409) um Rat gefragt, ein; er schickt den (jungianischen) Psychiater Dr. Kurt Binswanger, um ihn zu untersuchen. Dieser kann neurologisch nichts finden; er schließt daraus, in Übereinstimmung übrigens mit Jung, der Lang auch ein oder zweimal persönlich gesprochen hatte, das Leiden müsse „psychogen“ sein. „Daraufhin hat Prof. Jung meiner Frau dringend geraten, man müsse mich einfach in meinem neurotischen Safte schmoren lassen, wenn man mir helfen wolle". Weiterhin habe er der Frau geraten die Scheidung einzuleiten, „sonst werde ich unfehlbar zu grunde gehen, dies sei der einzige Versuch einer Rettung, den es nach seiner Überzeugung noch gebe" (BL, S. 424 f.).

Nun, diese etwas brachiale „Rettung" war nicht von Erfolg gekrönt; nach einem erneuten Schlaganfall am 4.4.1945, der einen postapoplektischen Verwirrtheitzustand zur Folge hatte, wurde Lang in die Klinik St. Urban bei Luzern gebracht, wo er in früheren Zeiten Arzt gewesen war. Dort starb er am 3. Juni 1945 (nach F, S. 23).

## *Zwei „Nachrufe" Hesses auf seinen Analytiker Lang*

Zu Hesses aufschlussreichen Rückblicken auf seine mit Lang verbrachten Analysen- und Lebenszeit gehört jener Brief wenige Wochen vor Langs Tod an einen ehemaligen Schulfreund aus Maulbronn, worin er sich ziemlich detailliert über Langs Lebensneurose und die Widersprüche in seinem Charakter auslässt:

> „dieser Mann, von Priestern in Einsiedeln bei ungenügender Kost streng katholisch-pfäffisch erzogen, hat zeitlebens in zwei infantilen Formen das damals empfangene Stigma bewahrt: er ist physisch immer hungrig geblieben und nie recht satt geworden, konnte zu Zeiten nachts aufstehen und pfundweise Zucker oder Brot essen etc. Und zweitens behielt er zeitlebens die trotzige Pose des Gottlosen und Empörers, und hat noch im Alter ein recht gelehrtes Buch gegen seinen persönlichen Feind Jahwe geschrieben. Jetzt, dem Tode nah, lässt er sich dankbar die katholischen Gebete vorsprechen ..." (zit. nach F, S. 21 f.)[7].

Den ersteren dieser beiden von Hesse mitgeteilten Charakterzüge kann ich nur mit Interesse zu Kenntnis nehmen; es antwortet nichts aus meiner eigenen Neurose darauf. Nächtliche Fressorgien sind mit zeitlebens fremd geblieben. Sie sind aber zwischenzeitlich zur Ehre einer eigenen DSM-Ziffer gekommen, gelten also, vermutlich mit Recht, als ein veritables neurotisches Symptom. Wie weit dieser unstillbare Hunger, verbunden evtl. mit Gier und Neid, auch sein Analytikersein beeinflusst und geprägt hat, wäre zu fragen. Seine Tendenz, sich Hesses Künstlertum „oral" einzuverleiben, habe ich weiter oben bereits gestreift. Zu seinem anderen, ebenfalls von Hesse als „infantil" gestempelten Charakterzug hingegen fällt mir eine Menge eigenes Verwandtes ein.

Interessant und anscheinend treffend ist ein Altersbrief Hesses, worin er Lang noch einmal von einer anderen Seite her charakterisiert und seine eigene Analyse bei ihm aus der Distanz resümiert.

---

7 Eine weitere vermutete neurotische Symptomatik („Koprophilie") des „schwer pathologischen Dr. Lang" (Cremerius 1983, S. 175 f.) kann ich im Briefwechsel (entgegen Cremerius' „Andeutungen") nicht belegt finden.

> „Der Arzt war nicht überlegen, er war zu jung und hatte zuviel Respekt vor der Berühmtheit, aber es war ihm ernst und er wurde mir ein guter Freund. … Erst sehr spät, lang nach der (vorwiegend Jungschen) Analyse merkte ich allmählich, daß mein Freund zur Kunst gar kein Verhältnis hatte, obwohl er sehr für sie schwärmte, und mit der Zeit wurde mir klar, daß dies bei allen Psychoanalytikern der Fall war, obenan bei Jung. Kein einziger … sah in der Kunst etwas anderes als eine Ausdrucksform des Unbewussten" (zit. nach F, S. 15 f.).

In der Tat: Lang war jung und eifrig und zugleich fasziniert von Hesses Künstlertum und seiner wachsenden Berühmtheit. Ob das der Analyse nur geschadet hat? Zumindest wird Langs ehrliche Bewunderung den ewig zweifelnden Hesse ein Stück weit „aufgebaut" haben. Recht hat Hesse sicher mit dem zweiten Punkt: Lang „schwärmte" für die Kunst; er wäre für sein Leben gern selbst ein Künstler gewesen und dürfte die Phantasie gehabt haben, sozusagen durch Osmose oder Ansteckung etwas von Hesses Künstlertum in sich hinein zu saugen. Etwas kühn, aber vielleicht nicht abwegig ist die nachfolgende Verallgemeinerung, dass dies „bei allen Psychoanalytikern der Fall" sei, („obenan bei Jung"!). Über die etwas neidgetönte Kunstbegeisterung der Analytiker („obenan" nicht nur Jung, sondern auch Freud!) wären Bände zu schreiben (vgl. meine kurze Skizze Bittner 2015). Lang aber hat Hesse diesen Zahn, wie oben gezeigt, schon frühzeitig zu ziehen versucht – ob mit Erfolg, ist eine andere Frage.

## 2. Diskussion

Was trägt Josef Bernhard Langs Geschichte seiner Analyse mit Hermann Hesse zur Klärung meines eigenen Selbstverständnisses als Analytiker bei, wie ich eingangs als Leitfrage formulierte? Jeder Analytiker, der sich in diesen Briefwechsel vertieft (so auch ich), stolpert zunächst über die augenscheinlichen „Fehler“, die dort gemacht worden sind: kein klar umrissenes „Arbeitsbündnis“, nur ansatzweise Versuche in der zweiten Analysenphase, die professionelle von der privaten Beziehung abzugrenzen; die mythologischen jungianischen Höhenflüge, wohingegen fundamentale reale Lebensereignisse (die Trennung Hesses von seiner ersten Frau, die Sterilisation an der Schwelle zur dritten Ehe) analytisch nahezu unkommentiert bleiben. Was das Eheproblem betrifft, musste Hesse zwischenzeitlich zu Nohl ausweichen, um sich ein Stück Klarheit zu holen; die Sterilisation bleibt analytisch völlig unbemerkt – also: Fehler über Fehler!

Entsprechend negativ war die Aufnahme dieses Briefwechsels in der zeitgenössischen Analytikerwelt, und zwar negativ im allerwörtlichsten Sinn: eine Rezeption fand nicht statt. Es herrschte in den beinahe 10 Jahren seither desinteressiertes (oder peinlich berührtes?) Schweigen. Befremden über diese Analyse ist auch in den spärlichen literaturwissenschaftlichen Kommentaren zum Briefwechsel zu spüren. Der Herausgeber Feitknecht wundert sich, dass mit der Zeit eine Art Umkehrung des therapeutischen Verhältnisses stattgefunden habe: zunehmend mehr habe Hesse Lang bei der Bewältigung seiner Lebensprobleme helfen müssen. Auch dies erlebt der Laie nicht unbedingt als eine Empfehlung für die psychoanalytische Behandlungsmethode.

Und dennoch: ich mag solches Material, das sozusagen naturwüchsig und absichtslos entstanden ist – mehr als diese wohlkomponierten Krankengeschichten, die immer „etwas beweisen“ wollen, zumeist die Vortrefflichkeit des geschilderten Analysenverlaufs, manchmal auch dessen Scheitern, aber immer unter dieser bewertenden Perspektive. Naturwüchsig entstandenes Material wie dieser Briefwechsel zwischen Hesse und Lang (oder auch die Aufzeichnungen Anna Freuds über ihre Analyse mit dem Kind Peter Heller, über die ich früher einmal [Bittner und Heller 1983] geschrieben habe) wollen nichts „beweisen“; es sind verschriftlichte Spuren, die ein analytischer Prozess hinterlassen hat, der so war, wie er eben war.

Ich nähere mich solchem Material mit der von Freud sogenannten „gleichschwebenden Aufmerksamkeit“: ich registriere, was mir auffällt – zumal bei einem Dokument wie diesem, das einer weit zurückliegenden Epoche der Psychoanalyse und einer weit vom main-stream entfernten analytischen Subkultur (dem Kreis um C.G. Jung in der Zeit des Ersten Weltkriegs und der 1920er Jahre in Zürich) entstand.

Folgende Punkte erscheinen mir im Hinblick auf den hier rekonstruierten analytischen Prozess der Erörterung wert:

- die „symmetrische“ Beziehungsgestaltung;
- der Neid des Analytikers auf seinen – im vorliegenden konkreten Fall künstlerisch begabteren – Patienten;
- die Rolle von Phantasien, „Privatmythen“ und archaischem Denken;
- besonders aktuell ist schließlich die in einem rezenten Aufsatz von C. Maier (2014) angeschnittene Frage, auf die ich an Hand meines Materials auch schon gestoßen war: führt von dem vieldiskutierten Kleinianischen Theoriekonstrukt der Projektiven Identifikation eine Spur zurück zu gewissen Vorstellungen des Züricher Jung-Kreises, die bei dessen Ausformulierung Pate gestanden haben könnten?

## *Die analytische Situation – asymmetrisch oder symmetrisch?*

Die heutige Tendenz geht einerseits dahin, die Analyse als einen besonderen, von den Abläufen und Beziehungsmustern des realen Lebens streng abgegrenzten Raum und die Kommunikation als eine überwiegend einseitige, insofern „asymmetrische“ zu interpretieren. Diese asymmetrische Struktur sei zwingend erforderlich, damit die „Übertragung“, das Kernstück jeder Psychoanalyse, sich ungestört und unbeeinflusst entfalten könne.

Diese Auffassung beruft sich auf Freud – vielleicht zu Unrecht. Der Schweizer Psychiater Ernst Blum, der als junger Mann bei Freud in Analyse war, zeichnet von der Behandlungssituation, wie er sie erlebte, ein anderes Bild. Die Analyse sei ein angeregtes Gespräch gewesen, „in das Freud sich ebenso engagierte wie sein Analysierter und sich nicht scheute, Persönliches von sich preiszugeben, wie er es ... von dem Analysierten erwartete. Man könnte sagen, er ging mit dem guten Beispiel voran. ...“ (Blum in Pohlen 2006, S. 272).

Vielleicht war das eine Ausnahmesituation – denn gewiss gibt es in Freuds Schriften zur Theorie der psychoanalytischen Behandlungsmethode zahlreiche Stellen, die sich im Sinn der eingangs postulierten, strikten Abgrenzung interpretieren lassen.

Eine konträre Position dazu hat allerdings schon der frühe Freud-Schüler Sandor Ferenczi in seinem letzten Werk, dem erst lange nach seinem Tod veröffentlichten „Klinischen Tagebuch“ (1988) vertreten. Er geißelt die falsche, unnatürliche Trennung von Analyse-Situation und realem Leben. Das Übertragungs-Theorem bezeichnet er als eine Ausflucht und ein Versteck. Patient und Analytiker stünden einander gegenüber als zwei Personen mit je unterschiedlichen Charakteren, Konflikten und Idiosynkrasien. Die Analytiker würden vergeblich versuchen, sich hinter einer Maske von scheinbarer „Abstinenz“ oder auch von fachlicher „Autorität“ vor ihren Patienten verstecken. Folgerichtig kommt Ferenczi zu seinem Postulat einer „mutuellen Analyse“: Analytiker und Analysand müssten sich gegenseitig analysieren (vgl. S. 148, 183).

Bei den Jungianern hat es diese strikt asymmetrische Konzeption der analytischen Beziehung niemals gegeben (Jung 1946, Dieckmann 1979, S. 191 ff., Samuels 1989, S. 308 ff.). Auf diesem jungianisch geprägten Hintergrund war es also kein Tabu-Bruch, wenn sich Hesses Analytiker Josef Lang von Anfang an unbefangen nicht-abgrenzend verhielt. Der gemeinsame Ausflug auf das Stanserhorn, die in den Briefen eingestreuten Mitteilungen aus seinem persönlichen Leben, auch die zeitweise Rollenumkehr, bei der der Patient Hesse zum „Führer", und er selbst zum Geführten wurde, am krassesten in der Verliebtheitsepisode mit Ruth Wenger – alles dies wäre weder nach den Vorstellungen von Ferenczi noch nach den Anschauungen Jungs von vornherein anstößig gewesen.

Die neuere Psychoanalyse hat einzelne Elemente von Ferenczis Konzept übernommen, das Konzept als Ganzes aber als eine Verirrung ad acta legen wollen (Thomä 2001). Ohne die praktischen Schwierigkeiten seiner Realisierung zu leugnen, habe ich Ferenczis Postulat einer prinzipiell symmetrischen Beziehung von Analytiker und Analysand in mehreren Diskussionsbeiträgen verteidigt (1992a, 1998, 2007).

Gegenläufig zu diesem offensiven Beharren auf der analytischen Situation als einer asymmetrisch strukturierten ist freilich fast zur gleichen Zeit erneut eine Bewegung in der Psychoanalyse für das Intersubjektive, Dialogische, Interaktive entstanden, die gegenwärtig den innerpsychoanalytischen Diskurs über weite Strecken dominiert. Werner Bohleber (2014) hat neuerdings eine kritische Übersicht über die Vorgeschichte dieses „intersubjektiven Paradigmas" gegeben, das vor allem das heutige Verständnis der Behandlungssituation nachhaltig beeinflusst.

In der klassischen psychoanalytischen Auffassung sei der Analytiker mehr „autoritativer Experte" gewesen; seine Person und deren Einfluss auf den Patienten hingegen seien tendenziell vernachlässigt worden. Heute stehe, nicht zuletzt unter dem Einfluss einer allgemeinen Zeitströmung gesellschaftlicher Demokratisierung, die Erkenntnis der „wechselseitigen Beeinflussung von Analytiker und Patient" im Vordergrund.

> „In diesem Sinne ist der frühere schweigsame Analytiker viel kommunikativer geworden. Auch hat sich die Frage seiner Selbstoffenbarung zu einem behandlungstechnischen Diskussionspunkt entwickelt und die Asymmetrie der Beziehung ... verschob sich ... immer mehr in Richtung einer Symmetrie der Rollen" (S. 55).

Bohleber vergegenwärtigt einige Entwicklungslinien der innerpsychoanalytischen Diskussion, die zu diesem Resultat geführt haben sollen. Er übergeht andere, wie mir scheint, ebenfalls wichtige: Ferenczis späte Konzeption der mutuellen Analyse findet keine Erwähnung, ebenso die Umwertung der Gegenübertragung seit den 1950er Jahren unter dem maßgeblichen Einfluss von Paula Heimanns Kongressvortrag von 1949 und der behandlungstechnischen Ausarbeitung ihres Gedankens bei Thomä und Kächele (1985). Dass bei Bohleber die jungianischen Behandlungskonzeptionen, die schon immer dialogischer orientiert waren, keine Berücksichtigung finden, verwundert weniger.

Was indessen bei Bohleber zu kurz kommt, ist die Konfliktanalyse: dass sich nämlich dieses angeblich „neue" intersubjektive Paradigma mit dem „alten", immer noch im Untergrund wirksamen, an allen Ecken und Enden als inkompatibel erweist. Wenn er z.B. ausführt, die Asymmetrie, die der analytischen Situation ursprünglich inhärent war, habe sich immer mehr in Richtung einer Symmetrie der Rollen verändert: es gibt doch auch heute noch genügend Stimmen, die diese Asymmetrie als das A und O der analytischen Beziehung verteidigen und jede symmetrische Abweichung hiervon verteufeln zu müssen glauben! Der Abstinenzbegriff beispielsweise, der selbst über die Psychoanalyse hinaus in alle gegenwärtigen psychotherapeutischen Berufsordnungen und Ethik-Verlautbarungen Eingang gefunden hat, ist durch und durch asymmetrisch konzipiert: „Außertherapeutische Kontakte" stehen nach §6 der Musterberufsordnung für Psychologische Psychotherapeuten (2014) generell unter dem Verdacht, sie könnten die therapeutische Beziehung stören. Und: „Bevor private Kontakte aufgenommen werden, ist mindestens ein zeitlicher Abstand von einem Jahr einzuhalten". Hier liegt – zwar offensichtlich, aber weithin unerkannt – ein völlig anderes Paradigma als das intersubjektiv-dialogische zu Grunde.

Als 77jähriger Psychoanalytiker darf ich beispielsweise nach dieser Musterberufsordnung einen 70jährigen Kollegen, der bei mir in Analyse war, nicht vor Ablauf eines Jahres privat treffen, weil eine fortbestehende Abhängigkeit mit allen nachteiligen Folgen unwiderleglich vermutet werden könnte oder müsste. Der Sinn dieser Vorschrift, die ganz offensichtlich dazu dient, der Entstehung von Symmetrien vorzubeugen, die das Sexuelle einschließen könnten, verkehrt sich im Hinblick auf die geschilderte Konstellation zum Un-Sinn. Dass hier zwei einander widerstreitende Modelle von der therapeutischen Situation unausbalanciert aufeinandertreffen, wird nicht einmal ansatzweise wahrgenommen.

Die Analyse Hesses bei Lang jedenfalls ist ein frühes Exempel einer Analyse in uneingeschränkter Mutualität und mit der Zeit zunehmender Symmetrie – mit allen Nachteilen, aber auch mit den Vorteilen einer solchen. Ein Rezensent des Briefwechsels in der Neuen Züricher Zeitung hat einseitig das Negative daran hervorgehoben: aus einer asymmetrischen therapeutischen sei hier eine „fatal(!) symmetrische" geworden. Und das Ergebnis sei düster: „Hier wandelt keiner der beiden Freunde ‚oben im Licht'" (Lütkehaus in NZZ vom 15.6.2006).

Ich kann es nicht grundsätzlich negativ finden, wenn eine Analyse, wie die hier vorgestellte von Josef Lang mit Hermann Hesse, in weitgehender Mutualität der beiderseitigen Selbsteröffnung sich entfaltet, in eine persönliche Freundschaft mündet und sich doch episodisch und „bei Bedarf" wieder in eine Analyse zurück verwandeln kann – vor allem, wenn, wie unter den hier gegebenen Umständen, von vornherein ausgeschlossen ist, dass die Symmetrie sich auf eine sexuelle Intimität hin entwickeln könnte. Also: das Thema Asymmetrie vs. Symmetrie in der Analyse scheint noch längst nicht ausdiskutiert. Eine der kleinianischen Richtung nahestehende Analytikerin schrieb kürzlich, Analyse sei „zugleich(!) asymmetrisch und symmetrisch" (Staehle 2014, S. 145) – eine ebenso salomonische wie treffende Formulierung, die nur – leider! – fast alle Fragen offen lässt.

## *Der Neid des Analytikers auf seinen Patienten*

Vor Jahren habe ich beschrieben, wie ich manchmal erlebe, dass ein Patient ein Problem besser meistert als ich es könnte, oder dass er mir sonst in irgendeiner Hinsicht besser dran, glücklicher, erfolgreicher, vom Schicksal begünstigter erscheint als ich (Bittner 1992a, S. 108).

Aus einer aktuellen Analyse entnehme ich ein Beispiel von geringerer Tragweite, aber mit rezenterer Gefühlsbeteiligung. Der Patient, nur wenig jünger als ich, hat jenseits der 70 noch mehrere berufliche Projekte, die er verfolgt, und verbringt viel Zeit zwischendurch auf Reisen. Meine Praxis dagegen läuft aus; das Schreiben fällt schwerer als früher, und nach Sardinien, meiner Trauminsel, werde ich vermutlich in diesem Leben aus verschiedenen Gründen nicht mehr kommen.

Die Stunde mit diesem Patienten, in der mir mein Neidgefühl bewusst wurde, verlief eigentlich ganz gut, nachdem mir der Neid fühlbar geworden war: ich war aktiver als sonst und konnte ihm einiges deuten. In mir war so etwas wie ein Trotz erwacht: alles, was du da hast und was dir Lebenskraft und -intensität vermittelt, habe ich nicht oder wenigstens nicht im gleichen Maße. Aber dafür habe ich anderes, das ich in die Analyse einbringen kann – und das will ich jetzt tun!

Damals, als ich die ersterwähnte Episode niederschrieb, konnte ich mein Gefühl noch nicht als „Neid" identifizieren. Diese Emotion ist ja überhaupt in der Psychoanalyse lange Zeit unterbelichtet geblieben. Freud kannte sie nur in der speziellen Form des Penisneids der Frau. Sie in allgemeinerem Sinn in die Psychoanalyse eingeführt zu haben, ist das unbestreitbare Verdienst von Melanie Klein (1946). Erst seit den 1990er Jahren gibt es ein etwas breiteres Interesse über ihren engeren Schülerkreis hinaus (Kutter 1998, Hollmann 2006, Streeck 2007) für diese spezifische sehr menschliche Emotion. Im Hinblick auf die Bedeutung des Neides für den psychoanalytischen Behandlungsprozess scheint mir dieses Interesse aber selbst bei den Kleinianern noch nicht hinreichend konkretisiert zu sein: was mache ich damit, wenn ich Neid auf einen Patienten verspüre? Ich meine jetzt weniger das Behandlungstechnische im engeren Sinn: dass ich z.B. mein Neidgefühl im Sinn einer „projektiven Identifikation" als vom Patienten in mich „hineingesteckt" klassifiziere und ihm dieses von mir für ihn „containte" Gefühl in irgendeiner Form in seine Verfügung zurückgebe.

Ich meine mehr, was ich *für mich* damit mache, wenn ich dieses Gefühl als *mein eigenes* erkenne? Es gibt da zwei denkmögliche Reaktionen. Die eine, frei nach Goethe: „Gegen große Vorzüge eines andern gibt es kein Rettungsmittel als die Liebe" (Goethe 1809, S. 389). Dieser Maxime scheint auch Freud zeitweilig gefolgt zu sein, z.B. in seinen Reflexionen über die Unmöglichkeit einer unterschiedslosen allgemeinen Nächstenliebe. Einer der von ihm dort aufgezählten

Gründe, warum man einen anderen Menschen konkret lieben kann bzw. muss, lautet: „wenn er so viel vollkommener ist als ich, daß ich mein Ideal von meiner eigenen Person in ihm lieben kann" (1930a, S. 468) – ein etwas gefährlicher Liebesgrund: Liebe, um den Neid abzuwehren!

Diese Art, mit dem Problem fertig zu werden, hat sicherlich manches für sich; sie hat nur den einen, in meinen Augen freilich entscheidenden Nachteil: man bleibt auf seinem Neid sitzen wie der unglückliche Mitschüler Knauer in Hesses „Demian", der diesen Weg zu gehen versuchte, seinen Heros Demian zum Idol erhob und dabei selbst fast zu Tode kam.

Den anderen Weg – meinen oben beschriebenen Weg des Trotzes – hat ebenfalls Freud gewiesen, und zwar im Hinblick auf den Penisneid der Frau (der ja heutzutage weithin „abgeschafft" ist): wenn ich schon nicht den Penis habe, so habe ich doch das Kind – etwas gleich Gutes und vielleicht noch Besseres.

Mir scheint, etwas Ähnliches hat sich auch bei Lang in seiner Beziehung zu Hesse abgespielt. Zuerst versuchte er es mit der „Liebe": er identifizierte sich mit Hesse, wollte in der gleichen Weise künstlerisch-schöpferisch sein wie er – und es kam im Wesentlichen nur Krampf heraus (siehe seine etwas überspannten „Phantasien"). Dann ging er einen gefährlichen Weg auf schmalem Grat in seinen Abtreibungsgutachten, auf dem er beinahe beruflich und bürgerlich abgestürzt wäre – und schließlich fand er ein Feld, auf dem er konkurrenzlos war: er revolutionierte die Auffassung der biblischen Schöpfungsgeschichte, auch wenn es ihm keinen Ruhm einbrachte. Dennoch: er hätte Grund gehabt, stolz auf sich zu sein.

Der Neid des Analytikers Lang auf seinen künstlerisch-schöpferischen Patienten Hesse war in meinen Augen das hauptsächliche dynamische Agens dieser Analyse. Es war weit mehr als nur „Gegenübertragung": Langs eigene Sehnsucht nach einem erfüllten und schöpferischen Leben brachte sich darin zum Ausdruck. Mag sein, dass dieses Neidgefühl zugleich seine Fähigkeit, Hesse zu helfen, begrenzte: nicht umsonst musste sich dieser ein zweites Mal vorübergehend einen anderen Analytiker suchen, nämlich Jung selbst, bei dem das Gefühl einer mit Neid gemischten Bewunderung offenbar keine Rolle spielte. Aber, wie Hesse rückblickend über Lang schrieb: er „meinte es ernst" – auch das ist nicht gering zu veranschlagen; es kann mehr wert sein als makellose technische Korrektheit. Vielleicht ist es sogar so, wie ich einmal überlegt habe (Bittner 1998, S. 273), dass man nur dort wirklich analysieren kann, wo man als Analytiker „aus seiner eigenen Neurose", d.h. aus seinem persönlichen (nicht nur „empathischen") Betroffensein heraus analysiert.

## *Privatmythen*

Taavo ist gerade drei Jahre alt geworden und entwickelt eine blühende Phantasie; er denkt buchstäblich über „Gott und die Welt" nach. Vor kurzem sagte er zu seiner Mutter: Ich weiß jetzt, dass ich zuerst in deinem Bauch war und dann geboren bin. Aber du bist nicht geboren, du bist aus Teig gemacht worden. Für seine Großmutter hat er bei dieser Art, die Welt zu interpretieren, natürlich keine genealogische Verwendung. Als einer seiner Kindergartenfreunde damit angab, dass er eine kleine Schwester habe, die heiße Grete, wollte er nicht zurückstehen und trumpfte seinerseits auf: Ich habe auch eine Schwester, die heißt Oma.

In den aktuellen entwicklungspsychologischen Lehrbüchern (z.B. bei Berk 2005, S. 868) kann man lesen, magische und mythische Welterklärungen bei kleinen Kindern kämen zwar vor, aber nur dort, wo sich ein Kind irgendwelche Zusammenhänge nicht rational und kausal erklären könne. Das erscheint mir zutreffend, aber unvollständig. So viel stimmt wohl: der unmittelbare Grund für Taavos abenteuerliche Erklärung, seine Mutter sei aus Teig gebacken worden, liegt darin, dass er sich nicht vorstellen kann, dass sie auch mal so klein war wie er, und dass sie vorher im Bauch ihrer Mutter war. Und die andere Erklärung, die Oma sei seine Schwester, resultiert eben daraus, dass er sein Verwandtschaftsverhältnis zu ihr nicht korrekt ableiten kann.

Doch ist das nur die halbe Wahrheit. So beschäftigt sich Taavo derzeit angelegentlich mit der hölzernen russischen Babuschka, den „Puppen in der Puppe", die für sein Problem eine bildhafte Lösung bereithalten könnten. Wenn ihm die korrekte Erklärung, wie seine Mutter entstanden ist, nicht zur Verfügung steht, springt eine andere Art von Logik ein: eine Phantasie- und Mythenlogik sozusagen. Dies ist ja eine Logik, die die Menschheit offenbar seit Urzeiten zur Verfügung hatte. Seit Darwin wissen wir, dass der Mensch aus einer tierischen Ahnenreihe sich entwickelt hat. Jahrtausende lang wussten die Menschen das nicht. Also fanden sie zum Teil ähnliche Antworten wie Taavo auf die Frage: wo kommen wir Menschen her, wie sind wir entstanden? In der biblischen Schöpfungsgeschichte heißt es beispielsweise, Gott habe den Menschen aus Lehm gemacht. Lehm oder Teig, das macht schon keinen großen Unterschied mehr.

Und das andere Element, das Taavos genealogische Erklärung mit der biblischen Schöpfungsgeschichte verbindet, ist die Vorstellung von „jemand", der „das gemacht" hat. In der Bibel ist Gott der „Macher", in Taavos Privatmythos muss man sich eine Art überdimensionalen Bäcker vorstellen, der die Mutter und vermutlich auch die anderen Erwachsenen aus Teig gebacken hat wie Lebkuchenmännlein. Solche Erklärungen hat schon der Kinderpsychologe Jean Piaget (1978) als typisch für das kindliche Denken angegeben; er nannte sie „artifizialistisch". Und man wird zugeben müssen: auch wenn diese Erklärungen nicht sachlich zutreffend sind, entbehren sie doch nicht einer gewissen nachvollziehbaren Logik. Es scheint demnach noch andere Arten des Denkens und andere Logiken zu geben als die gängige rationale. Die alten Psychoanalytiker, Freud ebenso wie Jung, hätten vielleicht dieses andere als ein assoziatives, primärprozesshaftes oder auch als ein magisch-mythisches Denken bezeichnet.

Heute bricht diese Frage nach dem „anderen Denken" an vielen Stellen wieder auf: den Anfang machte schon in den 1960er Jahren der Ethnologe Lévi-Strauss mit seiner Konzeption des „wilden" Denkens, das vor allem in „primitiven", d.h.

nicht schriftsprachlichen Kulturen anzutreffen ist und in dem das Mythische eine wichtige Rolle spielt.

An aktuellen Ansätzen ist das Buch des (Wirtschafts-)Nobelpreisträgers Daniel Kahneman (2012) zu nennen, der „schnelles" und „langsames" Denken unterscheidet: „Langsames" ist das rationale, das analytisch vorgeht, „schnelles" das intuitive Denken, das in vielen Alltagssituationen zum Zuge kommt, wo für lange Analysen und Abwägungen keine Zeit bleibt. Es ist mit Emotionen assoziiert und an bildhaften Eindrücken orientiert. Gigerenzer (2014) bezeichnet es auch als „Bauchgefühl", als „gefühltes Wissen", als eine „unbewusste Form von Intelligenz" (S. 2).

Eng verwandt damit sind die Kognitionsmodelle aus der Hirnforschung, die von zwei neuronalen Systemen ausgehen, die in kognitiven Prozessen zusammen spielen: das corticale und das limbische System. Der Beitrag dieser limbischen Denkprozesse ist dort allerdings noch nicht sehr elaboriert dargestellt; unglücklicherweise ist das Thema limbisches Denken ausgerechnet zu einer Domäne der Verkaufspsychologie geworden (Häusel 2005).

Die neuere Psychoanalyse hat wieder damit begonnen, Ergebnisse der Hirnforschung nachzuvollziehen und sich darüber hinaus auch eigenständig für die kognitive Entwicklung des Kindes zu interessieren. Allerdings zeigen diese neuen Ansätze vor allem von Fonagy und Mitarbeitern (u.a. Fonagy und Target 2006) wenig Interesse für eigenständige archaische Logiken; sie sind stärker auf das hin fokussiert, was die Psychoanalyse ursprünglich den Sekundärprozess nannte. Das Interesse für archaische Logik und „Privatmythen" blieb eher auf die Schule Melanie Kleins beschränkt.

Und natürlich auf Carl Gustav Jung. Dieser hatte seinerzeit nach der Trennung von Freud zunächst damit begonnen, die archaische Bilderwelt des Unbewussten in einem groß angelegten Selbstversuch zu studieren. In seinen „Erinnerungen" (1962) schreibt er zurückblickend: „Ich hatte die Mythen vergangener Völker erklärt, ich hatte ein Buch über den Helden geschrieben, über den Mythus, in dem der Mensch seit jeher lebte". Und nun stellte sich die Frage: „Aber in welchem Mythus lebt der Mensch heute?" und vor allem: „Aber was ist denn dein Mythus? Der Mythus, in dem du lebst?" (S. 174 f.). Diese Fragen rückten ihm in der Phase der Desorientierung nach seiner Trennung von Freud immer näher auf den Leib. Die nächtlichen Träume halfen ihm nicht entscheidend weiter. Er verfiel darauf, seine Wachphantasien systematisch aufzuzeichnen. Das führte ihn in sein großes Experiment hinein: „Um die Phantasien, die mich unterirdisch bewegten, zu fassen, mußte ich mich sozusagen in sie hinunterfallen lassen". Daher fühlte er „ausgesprochene Angst. Ich fürchtete, meine Selbstkontrolle zu verlieren und eine Beute des Unbewußten zu werden. ... Ich mußte jedoch wagen, mich dieser Bilder zu bemächtigen. Wenn ich es nicht tat, riskierte ich, daß sie sich meiner bemächtigten" (ebd., S. 182). Er schrieb diese Phantasien in zwei Bücher, die er das „Schwarze" und das „Rote Buch" nannte.

Die Darstellung dieses Prozesses in Jungs Erinnerungsbuch ist reichlich summarisch. Darum war es ein wichtiges Ereignis für die Forschung, dass lange nach seinem Tod das „Rote Buch", das niemals zur Veröffentlichung bestimmt war, im Jahr 2009 in einer sorgfältig wissenschaftlich kommentierten Faksimile-Ausgabe im Druck erscheinen konnte. Dieses Buch ist nun die eigentliche Quelle, an Hand derer man den Prozess der Suche Jungs nach seinem persönlichen Mythos verfolgen kann.

Er hat damals auch einen kürzeren Text verfasst, der erst viel später im Druck erschien (Jung 1957), worin er methodische Anleitungen gab, wie solche Prozesse des Eintauchens in den persönlichen Mythos, d.h. in die transpersonalen Hintergrundsphantasien, bei Patienten gefördert werden könnten, denn eigentlich sollte ja jede jungianische Analyse einen solchen Suchprozess einschließen.

Nicht zuletzt war ihm daran gelegen, Material von anderen zu bekommen, die sich möglichst unabhängig von ihm auf einem ähnlichen Suchprozess begeben hatten. Im Kontext seiner Arbeit am „Roten Buch" interessierte er sich deshalb lebhaft für Langs „Phantasien", wie weiter oben im Einzelnen belegt.

Die Beschäftigung mit Lang regte wiederum mich an, mit dieser Materie der archaischen Phantasien ein wenig zu experimentieren. Ich bin keineswegs besonders vertraut mit archaischem Denken und mythischen Hintergrundsprozessen. Ich gehöre, glaube ich, eher zu einer Sorte von Menschen, deren „Zwischenwände" besonders dicht sind, die „nichts dahinter sehen und darum meinen, es sei auch gar nichts da" (Jung 1962, S. 357). Ich hatte mir Robert Gernhardts Spottvers zu eigen gemacht:

> „Ich horche in mich rein.
> In mir muß doch was sein.
> Ich hör nur ‚Gacks' und ‚Gicks'.
> In mir da ist wohl nix" (Gernhardt 1996, S. 142).

Die Beschäftigung mit dem Hesse-Lang-Projekt regte mich an, es noch einmal mit der Spurensuche nach der unbewussten Phantasie zu versuchen. Ich wache regelmäßig nachts gegen 3 Uhr auf und habe dann Mühe, nochmals einzuschlafen; je mehr ich mich von den Tagesgedanken einfangen lasse, desto unmöglicher wird das Wiedereinschlafen. Ich beschloss also, Jungs Anweisungen zu folgen und die sich aufdrängenden Tagesgedanken abzuweisen. Es kam aber nichts stattdessen, das Gefühl der Leere war und blieb schmerzlich und quälend. Aber meistens gelang auf diese Weise das Wiedereinschlafen. Der so gewonnene Schlaf war erfrischend; ich hatte auch das Gefühl, dass die Träume ausdrucksstärker wurden.

Heute Nacht z.B. träumte ich: ich bin mit meiner Frau auf den Hügeln im italienischen Maremma-Nationalpark, wo wir vorige Woche in Ferien waren. Ich stelle an Hand einer Planskizze erstaunt fest, dass ich mich auf dem dritten und höchsten der drei Berge dort befinde. Ich hätte das gar nicht erwartet. Oben herrschte ein lebhafter Wind; ich musste aufpassen, dass eine schöne grün samtige Baseballkappe, die ich auf dem Kopf hatte, nicht wegwehte.

Die Monti d'Ucellina sind nicht besonders hoch, so um die 400 m, aber da sie direkt ins Meer hinein abfallen, nehmen sie sich doch recht stattlich aus. Ich war in Wirklichkeit nicht oben, vor allem aus Rücksicht auf meine Frau, die die Steigung nicht geschafft hätte. Nun bin ich im Traum doch oben, und zwar mit ihr. Es steht also besser, ich bin höher oben als ich dachte. Ich muss nur auf meine schöne Kappe aufpassen. Ich besitze in Wirklichkeit keine solche, sondern nur bescheidene Kappen, die ich zum Joggen oder zum Wandern aufsetze. Der Traum sagt, dass ich Schöneres besitze als ich weiß – ich soll es nur in Acht nehmen. Alles in allem: ein kleiner, bescheidener Mythos meines Lebens.

Ich bin seither immer mehr davon abgekommen, die auf die beschriebene Weise evozierten Träume zu „deuten". Dieses Deuten kommt mir zunehmend wie eine kontraproduktive Inbesitznahme des Unbewussten durch den Sekundärprozess vor. So begnüge ich mich im Allgemeinen damit, sie mit Interesse zu Kenntnis zu nehmen und nur ihre Stimmung aufzufassen.

Für Tagträume oder gar „Visionen" fehlt mir weiterhin jegliches Faible und wohl auch eine spezielle Veranlagung. Ich hatte vor einiger Zeit Anlass, mich mit solchen Visionen von „Seherinnen" theoretisch zu befassen, angefangen von Friederike Hauffe, der Seherin von Prevorst bis hin zu Gabriele Wittek, der Begründerin des Universellen Lebens. Eine Pathologie solcher Erscheinungen nach dem ICD konnte ich mit Überzeugung verneinen. Dennoch blieben mir die Visionen fremd und schwer nachvollziehbar (Bittner 2011) – wie übrigens auch die visionären „Phantasien" des Josef Lang.

Dennoch empfinde ich es als Gewinn, dass mich die Beschäftigung mit ihnen auf die Spur dieser Suche nach dem archaischen und mythisch-bildhaften Denken gebracht hat.

## *Das vielgestaltige „Enthaltensein des einen im anderen" und dessen technizistische Verengung zur „projektiven Identifikation"*

Der rekonstruktive Teil dieser Schrift war abgeschlossen, als ich Anfang Juli 2014 den Aufsatz von C. Maier (2014) über Bion und C.G. Jung las. Dort wird plausibel begründet, dass Bions Umgestaltung des Melanie Klein'schen Theorems der Projektiven Identifikation, vor allem seine Erweiterung durch die Containment-Vorstellung, auf eine Begegnung mit Jung und seinen Ideen anlässlich von dessen Londoner Tavistock Lectures 1935 zurückzuführen sei. Dass Bion diese Vorlesungen – übrigens in Begleitung eines jungen Analysanden, des nachmals berühmten Schriftstellers und Nobelpreisträgers Samuel Beckett – hörte und sich sogar in der Diskussion zu Wort meldete, ist zweifelsfrei belegt (u.a. Jung 1935, S. 81 f.). Maier geht es um den Nachweis, dass das Jung'sche Theorem (oder sage ich besser: Mythologem?) der Analyse als eines alchemistischen Gefäßes der Wandlung und des Wiedergeborenwerdens bei Bion in Gestalt einer Kryptomnesie auf dessen eigene Theoriebildung Einfluss genommen habe.

Für mich stellen sich, auf dem Hintergrund meiner Studie über Hesse und seinen Analytiker Lang, die Ideen in der damaligen Jungianer-Welt etwas vielschichtiger und verzweigter dar. Auch bei meinem Analysenpaar Hesse und Lang - auch sie sozusagen „imaginary twins“ (Bion nach Maier 2014, S. 162 ff) - war ich auf die Verwandtschaft der dort anzutreffenden Interpretationsmuster mit dem Theorem der „projektiven Identifikation“ gestoßen. Die konkrete Ausgestaltung der Paarsituation aber ist bei Hesse und Lang geradezu spiegelverkehrt entgegengesetzt zu der, die von Bion unter dem vermuteten Einfluss von Jungs fünfter Tavistock-Vorlesung theoretisch konzipiert wurde: bei Bion fungiert *der Analytiker* als das „Gefäß“, der „Container“, im Fall Hesse - Lang ist es umgekehrt: der Analytiker, der sich in den „Verliesen“ des Analysanden eingeschlossen findet und sich - um seiner selbst und um des Analysanden willen - daraus herausarbeiten, d.h. „geboren“ werden muss, und der eben durch dieses eigene Geborenwerden zum Geburtshelfer des Analysanden wird. Hier wäre das „Gefäß“ also *der Analysand*, der „Containte“ der Analytiker.

Eine weitere Variante des Motivs vom „Enthaltensein“ des einen im anderen (der mythischen „Puppen in der Puppe“, wenn man so will) hatte ich in Hesses „Steppenwolf“ gefunden. Wie kommt Hermine dazu, sich am Ende von Harry töten zu lassen (vgl. Fußnote 7)? Weil sie, so die Antwort des Romans, damit in ihrer totalen Identifikation mit ihm dies als Harrys geheime Tendenz spürte und diese als ihre eigene wahrnahm. Hier ist Hermine die Enthaltende, das „Gefäß“; Harry der Enthaltene (auf Liebesverhältnisse bezogen war es übrigens wiederum C.G. Jung [1925], der diese Redewendung vom „Enthaltenden“ und „Enthaltenen“ geprägt hat!).

Was ich sagen will: die Vorstellung einer umfassenden Partizipation war in der alten Jung-Schule (und über sie hinaus, wie man gleich sehen wird) in den verschiedensten Ausgestaltungen anzutreffen. Was sich später in der Nachfolge Bions bei den Neo-Kleinianern zu einem zwar griffigen, wissenschaftlich-rational klingenden theoretischen Konzept verdichtete und zugleich technizistisch verengte, stellte sich in der alten Jung-Schule (und überhaupt in Teilen der alten Psychoanalyse) als eine menschliche Grundgegebenheit des Nicht-Abgegrenzt-, sondern Ineinander-Enthalten- oder aus einem gemeinsamen Grund Hervorgegangenseins dar. Von einer ganz anderen theoretischen Position aus hat z.B. Viktor von Weizsäcker diese „alte“ Anschauung einmal in Worten ausgedrückt, die mich schon früh beeindruckt haben: „Wir hängen offenbar so allgemeinschaftlich zusammen, daß was in einem geschieht, auf irgendeine Art auch im Anderen geschieht ...“ (v. Weizsäcker 1947, S. 170, vgl. Bittner 1964, S. 133), noch einmal fast das Gleiche klingt in einem frühen Buchtitel von Helm Stierlin an: „Das Tun des einen ist das Tun des anderen“ (1976).

Es mag zum Verständnis des Konstrukts der „Projektiven Identifikation“ hilfreich sein zu vergegenwärtigen, dass es aus diesen untergegangenen anthropologischen Prämissen der „alten“ Psychoanalyse hervor gewachsen ist und heute unintegriert wie ein fremdartiges Fossil inmitten der modernen „rationalen“ Psychotherapiewelt steht.

## *Zu guter Letzt*

Mein Interesse an der Rekonstruktion der Hesse-Lang-Analyse und der dahinter stehenden Auffassungen war kein antiquarisches. Fünfzehn Jahre nach dem Inkraft-Treten des deutschen Psychotherapeutengesetzes, das die Psychoanalyse in das Medizinsystem integrierte und sie damit in eine (freilich finanziell vergoldete) Selbstentfremdung zwang, wurde bei mir der Wunsch wach, der alten „wilden", unprofessionellen und zugleich menschlich tiefer schürfenden Analyse der Frühzeit ein bescheidenes Denkmal zu setzen.

Was ich hier geschrieben habe, ist eine Hommage an diese „alte" Psychoanalyse, insbesondere auch an die von Carl Gustav Jung begründete Tradition, die sich, wenn mich nicht alles täuscht, noch mehr von ihren Wurzeln entfernen musste als die Freudsche, um in der „brave new world" der psychotherapeutengesetz-konformen Psychotherapiewelt (vgl. dazu ausführlicher Bittner 2014) ihre Nische zu finden. In meiner eigenen Entwicklung als Psychoanalytiker hat in dieser vor-modernen Zeit der Einfluss Jungs und einiger Jungianer bzw. Jungianerinnen einen bedeutenden Stellenwert gehabt, und auch etwas von dieser Dankesschuld wollte ich mit dieser Arbeit abtragen.

Es war also das Heimweh nach dieser „alten" Psychoanalyse, das mich trieb. Ich weiß nur zu gut, dass die hier rekonstruierte Analyse Josef Langs mit Hermann Hesse weit davon entfernt war, für diese „alte" Psychoanalyse typisch zu sein. Es gab auch damals viel analytischen Dogmatismus und viel engstirnige behandlungstechnische Prinzipienreiterei, vielleicht sogar mehr als heute. Aber es gab eben auch diesen Freiraum für das Besondere, das Experimentelle, das Unvorhersehbare, fast möchte ich sagen: für den aus der bewegten eigenen Tiefe heraus schaffenden Schöpfergott Abraxas.

# Literatur


Ball, Hugo (1927): Hermann Hesse. Sein Leben und sein Werk, Frankfurt/M. 1977 (suhrkamp taschenbuch)

Below, Jürgen (2007): Hermann Hesse Bibliographie: Sekundärliteratur 1899-2007, 5 Bde., Berlin (de Gruyter)

Baumann, Günter (1989): Wege zum Selbst. Hermann Hesses Erzählungen im Lichte der Psychologie C.G. Jungs, Diss. Berlin

Baumann, Günter (1999): „Es geht bis aufs Blut und tut weh. Aber es fördert …". In: HHP (= Hermann Hesse Home Page) Journal 7/7/99, Vol. II Nr. 1 GG

Baumann, Günter (2001): Hermann Hesses „Demian" im Lichte der Psychologie C.G. Jungs. In: HHP 8/27/01 GG

Berk, Laura E. (2005): Entwicklungspsychologie, 3. Aufl., München (Pearson Studien)

Bittner, Günther (1964): Für und wider die Leitbilder. Idealische Lebensformen in pädagogisch-psychologischer Kritik, Heidelberg (Quelle & Meyer)

Bittner, Günther und Heller, Peter (Hrsg.) (1983): Eine Kinderanalyse bei Anna Freud 1929-1932, Würzburg (Königshausen + Neumann)

Bittner, Günther (1992a): Die psychoanalytische Behandlung – ein „Gespräch zwischen zwei Personen". Zur Konzeption einer person-orientierten psychoanalytischen Behandlungslehre. In: U. Streeck, H.-V. Werthmann (Hg.): Lehranalyse und psychoanalytische Ausbildung, Göttingen (Vandenhoeck & Ruprecht)

Bittner, Günther (1992b): Wolfgang Amadeus Mozart – Die Erziehung eines Genies. In: W. Lipp (Hrsg.): Wolfgang Amadeus Mozart – Genie und Musik, Würzburg (Ergon),

Bittner, Günther (1998): Metaphern des Unbewussten. Eine kritische Einführung in die Psychoanalyse, Stuttgart (Kohlhammer)

Bittner, Günther (2007): Self-disclosure – oder: wie viel darf / soll der Analytiker von sich selbst mitteilen? In: H. Hierdeis und H.-J. Walter (Hg.): Bildung – Beziehung – Psychoanalyse. Beiträge zu einem psychoanalytischen Bildungsverständnis, Bad Heilbrunn (Klinkhardt)

Bittner, Günther (2011): Seherinnen. Unveröffentlichtes Vortragsmanuskript

Bittner, Günther (2014): „… daß man den Lauf der Dinge kaum bewußt regieren kann". Sigmund Freud, das Unbewusste und die Psychoanalyse heute. In: Scheidewege 44, S. 306-323

Bittner, Günther (2015): Dichtung – die „überaus harte Nuß". Über Schwierigkeiten der Psychoanalyse, sich zur Literatur zu positionieren. In Vorbereitung

Bohleber, Werner (2014): Gesellschaftliche Demokratisierung und der Aufstieg des subjektiven Paradigmas in der Psychoanalyse. In: Bernhard Janta, Susanne Walz-Pawlita, Beate Unruh (Hrsg.): Unzeitgemäßes, Gießen (Psychosozial)

Cremerius, Johannes (1983): Schuld und Sühne ohne Ende. Hermann Hesses psychotherapeutische Erfahrungen. In: Literaturpsychologische Studien und Analysen. Hrsg. von W. Schönau, Amsterdam (Rodopi)

Cremerius, Johannes (1988): Schuld und Sühne ohne Ende. Hermann Hesses psychotherapeutische Erfahrungen. In: Utz Maas, Willem van Reijen (Hg.): Geteilte Sprache. Festschrift für Rainer Marten, Amsterdam (John Benjamins)

Cremerius, Johannes (1999): Hermann Hesse und Sigmund Freud. In: HHP (Hermann Hesse Home Page) 8/8/99 GG

Dieckmann, Hans (1979): Methoden der analytischen Psychologie. Eine Einführung, Olten u. Freiburg/Br. (Walter)

Dudek, Peter (2004): Ein Leben im Schatten. Johannes und Herman Nohl – zwei deutsche Karrieren im Kontrast, Bad Heilbrunn (Klinkhardt)

Ellenberger, Henry F. (1973): Die Entdeckung des Unbewußten, 2 Bde., Bern – Stuttgart (Huber)

Ferenczi, Sandor (1988): „Ohne Sympathie keine Heilung"- Das Klinische Tagebuch von 1932, Frankfurt/M. (Fischer)

Fonagy, Peter und Target, Mary (2006): Psychoanalyse und die Psychopathologie der Entwicklung, Stuttgart (Klett-Cotta)

Freud, Sigmund (1930a): Das Unbehagen in der Kultur, GW XIV, Frankfurt/M. (Fischer)

Freud, Sigmund, Pfister, Oskar (1963): Briefe 1909-1939, Frankfurt/M. (Fischer)

Gernhardt, Robert (1996): Gedichte, Zürich (Haffmans)

Gigerenzer, Gerd (2014): „Ein Bauchgefühl ist keine Willkür" (Interview), Main-Post v. 4.11.2014

Goethe, Johann Wolfgang von (1808): Faust. Eine Tragödie. Werke Hamburger Ausgabe, Bd. 3, München (Beck)

Goethe, Johann Wolfgang von (1809): Die Wahlverwandtschaften. Werke Hamburger Ausgabe, Bd. 6, München (Beck)

Häusel, Hans-Georg (2005): Think limbic! Die Macht des Unbewussten verstehen und nutzen, Planegg (Haufe)

Hesse, Hermann (2001-2007): Sämtliche Werke. Hrsg. von Volker Michels, 20 Bde., Frankfurt/M. (Suhrkamp)

Hesse, Hermann (1913): Flötentraum, SW 9

Hesse, Hermann (1916): Der schwere Weg, SW 9

Hesse, Hermann (1917/18a): Traumtagebuch der Psychoanalyse, SW 11

Hesse, Hermann (1917/18b): Der Europäer, SW 9

Hesse, Hermann (1919): Demian. Die Geschichte von Emil Sinclairs Jugend, SW 3

Hesse, Hermann (1927): Der Steppenwolf, SW 4

Hesse, Hermann (1921): Aus einem Züricher Notizbuch, SW 11

Hesse, Hermann (2006): „Die dunkle und wilde Seite der Seele". Der Briefwechsel mit seinem Psychoanalytiker Josef Bernhard Lang 1916-1944, hrsg. von Thomas Feitknecht, Frankfurt/M. (Suhrkamp)

Hollmann, Helga (2006): Zur psychoanalytischen Theorie des Neides: Destruktive Neiddynamik und konstruktive Bewältigung, München (grin)

Jung, Carl Gustav (1902): Zur Psychologie und Pathologie sogenannter okkulter Phänomene, GW Bd. 1, Olten und Freiburg/Br. (Walter)

Jung, Carl Gustav (1914): Psychotherapeutische Zeitfragen. Ein Briefwechsel zwischen C.G. Jung und R. Loy, GW Bd. 4, Olten u. Freiburg/Br.(Walter)

Jung, Carl Gustav (1925): Die Ehe als psychologische Beziehung, GW Bd. 17, Olten u. Freiburg/Br. (Walter)

Jung, Carl Gustav (1935): Über Grundlagen der analytischen Psychologie. Tavistock Lectures, GW 18/1, Düsseldorf und Zürich (Walter)

Jung, Carl Gustav (1946): Die Psychologie der Übertragung, GW 16, Olten u.a. (Walter)

Jung, Carl Gustav (1962): Erinnerungen, Träume, Gedanken, Zürich (Rascher)

Jung, Carl Gustav (2009): Das Rote Buch. Liber novus, hrsg. und eingeleitet von Sonu Shamdasani, 3. Auflage 2013, Ostfildern (Patmos)

Kahneman, Daniel (2012): Schnelles Denken – langsames Denken, München (Siedler)

Kleine, Gisela (1982): Zwischen Welt und Zaubergarten. Ninon und Hermann Hesse: ein Leben im Dialog, Frankfurt/M. (suhrkamp taschenbuch)

Klein, Melanie (1946): Neid und Dankbarkeit. In: dies.: Das Seelenleben des Kleinkindes und andere Beiträge zur Psychoanalyse, Reinbek b. Hamburg (rowohlt Tb), S. 174-186

Kutter, Peter (1998): Liebe, Haß, Neid, Eifersucht. Eine Psychoanalyse der Leidenschaften, Göttingen (Vandenhoeck & Ruprecht)

Lang, Josef Bernhard (1942): Hat ein Gott die Welt erschaffen? Zur Theologie und Anthropologie von Genesis 1 – II, 4a. Ein exegetischer Versuch, Bern (Francke)

Lévi-Strauss, Claude (1968): Das wilde Denken, Frankfurt/M. (stw)

Limberg, Michael (2011): Hermann Hesse und die Tiefenpsychologie. Auswahlbibliographie, www.gss.ucsb.edu/projects/hesse/publications

Lütkehaus, Ludger (2006): „Die dunkle und wilde Seite der Seele“. Hermann Hesse im Briefwechsel mit seinem Analytiker Josef Bernhard Lang (Besprechung), Neue Zürcher Zeitung vom 15.6.2006

Maier, Christian (2014): Bion und C.G. Jung. Wie fand das Modell „container – contained" seinen Denker? In: Forum der Psychoanalyse 30, S. 157-178

Maier, Emanuel (1952): The psychology of C.G. Jung in the works of Hermann Hesse, Phil. Diss. New York.

Maier, Emanuel (1999): The psychology of C.G. Jung in the works of Hermann Hesse. An Abridgment [der Dissertation im Deutschen Literaturarchiv Marbach – G.B.]. In: HHP July 1999

Musterberufsordnung in der Fassung vom 17. Mai 2014. Abgedruckt in: Psychotherapeutenjournal 13, S. 295-302

Piaget, Jean (1978): Das Weltbild des Kindes, 3. Aufl. München 1992 (dtv)

Pohlen, Manfred (2006): Freuds Analyse, Reinbek b. Hamburg (rowohlt)

Ranke-Graves, Robert von (1960): Griechische Mythologie. 2 Bde., Reinbek b. Hamburg (rde)

Reetz, Bärbel (2012): Hesses Frauen, Frankfurt/M. (Insel)

Rilke, Rainer Maria: Brief an Emil Freiherr von Gebsattel vom 24.01.1912, abrufbar unter http://www.rilke.de/briefe/240112.htm

Samuels, Andrew (1989): Jung und seine Nachfolger. Neuere Entwicklungen der Analytischen Psychologie, Stuttgart (Klett-Cotta)

Staehle, Angelika (2014): „Sag mir, wo die Blumen sind". Zur Erfahrung von Verlust, Vergänglichkeit und Trauer im Leben und in psychoanalytischen Behandlungen. Helmwart Hierdeis (Hrsg.): Wie hältst du's mit dem Tod? Erfahrungen und Reflexionen in der Psychoanalyse, Göttingen (Vandenhoeck u. Ruprecht)

Stierlin, Helm (1976): Das Tun des einen ist das Tun des anderen, Frankfurt/M. (Suhrkamp)

Streeck, Ulrich (2007): Herausforderungen des Neidgefühls und seine Verarbeitungen. Vortrag www.lptw.de

Thomä, Helmut (2001): Ferenczis „mutuelle Analyse" im Licht der modernen Psychoanalyse. In: Forum der Psychoanalyse 17, S. 263-270

Thomä, Helmut und Kächele, Horst (1985): Lehrbuch der Psychoanalytischen Therapie, 2 Bde., Berlin u.a. (Springer)

v. Weizsäcker, Viktor (1947): Fälle und Probleme, Stuttgart (Enke)

Zeitfracht Medien GmbH
Ferdinand-Jühlke-Straße 7
99095 Erfurt, Deutschland
produktsicherheit@kolibri360.de